教育現場の光と闇

～学校も所詮〈白い巨塔〉～

小林宣洋
Nobuhiro Kobayashi

幻冬舎MC

はじめに

『学校も所詮〈白い巨塔〉』――なかなかセンセーショナルな言葉ではないだろうか。現役の中学校教師である私が、学校の実態、教育現場の闇をあぶり出すことになれば居場所を失うかもしれない。無論、現在の教育体制そのものを真っ向から否定するつもりはない。ただ、今の教育体制に、そして、教師や教育行政に携わる者に欠けているものは何か、それを今後どのように立て直していったら良いのかを、それぞれの立ち位置で思索、探求できるような、そんな教育の書になるようにと願っている。

学校が、先生が、教育委員会が、みんな無能ばかりではないし、むしろ、尊敬すべき力のある先生がいて、立派な教育実践がなされていて、貴重な場が設けられていることは間違いない。しかし、ことに触れ、特に問題が発生した時には、問題が起きた原因を生徒や保護者、あるいは、地域社会等のせいにし、学校や先生の問題は隠蔽されることが往々にしてある。

また、そのような風潮の学校の中では、強固に官僚主義化が進んでおり、「問題」を平教員に押しつけ、「トカゲのしっぽ切り」のように吊し上げ、管理職の管理責任逃れが散見される。まさに学校が〈白い巨塔〉と化すのである。

一方では、学校批判ばかりもしていられない。では自分はどうかと問い直してみると、そうそう100点満点とはいかない。私自身の教育実践を振り返り、そこから導き出される問題とも向き合わなければならないのだが、これがなかなか難しい。どうしても自分を正当化しようとする気持ちが意識的に、あるいは、無意識的に働いてしまうからだろう。この機に、さまざまな経験を語り出してみたいと思うのであるが、言うなれば、「教師も所詮〈にんげんだもの〉」というフレーズがピッタリとくるような、そんな弱さ、醜さもさらけ出していきたい。

そうして本書では学校や教師、および、教育委員会の負の部分に焦点を合わせ、教育現場の闇に光を当て、臨床教育学的視座から教育界に連綿と続く「問題」の所在を解明し、それぞれにリフレクション（省察）を促し、学校という教育現場を、教師の教育実践を、さらに教育委員会の教育行政を「正常化」へと導く指針を示すことを目的としたい。

無論、正の部分、光の当たる明るい部分も同時に描き出すことになるだろうし、それによって教師という仕事の素晴らしさが伝わると幸いである。

そもそも教育現場は光に満ち溢れているわけで、数値では表せない教育の成果や、それこそ何年か後になって初めてわかる教育の効果、そして、かけがえのない出会いの尊さを感じ取っていただきたい。

思春期にある生徒の引き起こす様々な問題に苦労も絶えないが、そこでこそ教師として脚光を浴びるべき、やりがいを見いだせるのではないだろうか。

時間系列に沿って章立てをすることにした。40年余りの時の流れ、その時々の文化の違い、私自身のリフレクションが後の教育実践にどう影響し、また、効果を上げられたのか、などを感じ取られることを願ってのことである。

赴任した学校名はイニシャルで記すことにする。それは、かつて論文を書く際、事例を外部に公表するのであれば、10年以上経ってから、と言われたことがあるからである。

現任校にも言及しているが、それはまさに今こそ発信しなければならないと本書を書くモチベーションになった事例であるのでお許し願いたい。生徒や保護者、並びに、教員を始めとする教育関係者の人権に十分に配慮するよう肝に銘じて筆を進めることにする。

息苦しい事例ばかりが並ぶ恐れもあるため、評判の良かった『学級通信』の記事を章の合間に「ホッと一息」と称して掲載しようと思う。果たして、息抜きになるといいのであるが……。

ホッと一息 ——Canvas キャンバス

学級通信の名前を『Canvas キャンバス』にしました。『キャンバス』には3つの意味があります。

一つは、（本塁以外の）野球のベースです。これから1塁キャンバス（1年生）を回って2塁（2年生）へと向かっていきます。かつての巨人軍・長嶋さんのようにホームランを打ったのにキャンバスを踏み忘れたなどということがないように、しっかりベースランニングしてほしいと思います。

また一つは、四角い試合場のことです。学校で格闘されては困りますが、学習の真剣勝負の場として考えてください。どの教科でも真剣に取り組んでいってほしいと思います。

そして三つ目は、油絵を描く画布のことです。新入生は中学生としてはまだ何も描かれていないキャンバスと一緒です。これからその真っさらなキャンバスに、一人一人がそれぞれの個性豊かに、色とりどりの絵を描いていきます。繊細でち密な絵を描く人もいれば、猛々しい勇壮な絵を描く人もいると思います。上手《うま》い、下手《へた》ではなく、一生懸命に描くことが大事なのだと思います。みんな一人一人が精一杯頑張ってほしいと思います。

教育現場の光と闇

〜学校も所詮〔白い巨塔〕〜

目　次

第1章

中学時代の〈管理主義〉体験

――「頭が固くなってるんですよ」

＊〔管理主義〕から生まれた反骨心――「学校を変えてやる！」

私はいわゆる下町の出身である。昭和50年代という中学生時代は、学校が荒れた時期だった。10年周期で学校の「荒れ」がやってくるとも言われたが、その段々と荒れていく様を5歳下の妹の時代も含めて目の当たりにすることとなった。私の見立てでは、〔管理主義〕によってがんじがらめに抑えつけられた、それへの反発が、がんじがらめが緩んだところで最大級の「荒れ」を引き起こすと思われた。

私は、いわゆる真面目な方の部類に入る中学生だったと思う。自分のやりたいバレーボール部がなかったので、1年生の時に署名活動を行い、学級担任が顧問を引き受けてくれるということになり、かつてあった男子バレーボール部を復活させ、部長となった。

かつてのOBからのサポート、指導をいただき、また、OB会の練習や試合にも参加させていただいたことは、その後の私にとって大きな財産となった。

専門外の顧問からは、ほとんど指導と言えることは何もしてもらえなかったが、バレーボール部を作ってもらい、管理顧問として、練習や試合のできる場を与えてもらったことにはとても感謝していた。

2年生の秋、生徒会役員選挙に際して、先生から生活委員会委員長に立候補するように薦められた。この学校では、主要委員会の委員長は選挙によって選ばれることになっていた。部活人間だった私は断ったのだが、学校運営上だかなんだかわからないが、執拗に立候補を求められた。仕方なく立候補したが、周りの仲間には、「俺に投票するなよ」と言って回っていた。程なく落選したので、ホッとしたのだった。実際のところ、「私でなくて良かった」と思える素晴らしい生活委員会委員長が誕生した。

そうして3年生の春、音楽バンドを組んで生徒総会で発表しようと準備を進めた。この学校の生徒総会は、そんな場でもあった。私はエレキギターを担当し、ベースにドラムにキーボード、そして、ボーカルと、いわゆる「ロックバンド」を結成した。と言っても、そこまでのロックではなく、サザンオールスターズの曲などをやることになった。

ところが、普通に生徒総会の場でできるものと思って練習を進めていたが、「職員会議において、エレキギターはダメだということになった」と告げられる。「理由は?」と聞くと、「隣近所への騒音」ということだった。「音量を下げれば大丈夫です!」と食い下がるが、受け入れられない。

すると、それを聞きつけた生活委員会委員長が、体育館近辺の家を一軒一軒訪問し、「バンド演奏を体育館でやりたいので、その時間の騒音を許していただけませんか?」と聞いて回ってくれたのだ。全戸からの許しを得て、中には「そういうのいいですね。大いにやってください」と励まされた家もあったとのことだった。

これで生徒総会でやれる、と思った矢先、学級担任から「職員会議で、『やはりバンド演奏はダメだ』との結論が出た」と告げられた。生活委員会委員長の話を出して食い下がるが、軍人上がりの老齢の担任教師は、「私はね、もう年もいって、頭が固くなっているんですよ」と髪のない頭をなでながら、これ以上話を続けても無理だと諦めるように促される。悔しさのあまり、もう泣くしかなかった。

おそらくエレキギターを始め、「ロックバンド」などというものは「非行のはしり」、不良のやるものだという認識が強くあり、その予防のために許可が下りなかった、としか考えられず、憤りを感じずにはいられなかった。

それから5年後、妹の時代になると学校でのバンド演奏、それもかなり激しいロックの曲も許されるようになっていた。

頭の固い先生は退職し、〔管理主義〕の中心を担っていた強面の体育の先生も異動し、とんでもなく学校が荒れていた時代にである。「ロック」が若者の文化として認められ、エネルギー発散、自己表現・自己実現の象徴として受け入れられた、ということなら、それはそれで歓迎すべきことだが、泣き寝入りするしかなかった自分の中学生時代、「時代の流れについてこいよ！」と、当時の職員室に向かって大きな声で叫びたい。

ところで、〔管理主義〕については、この後に語られるいくつかの事例とともに思索を深めていかなければならないところではある。

母校においては「体罰」は当たり前で、その逆の「対教師暴力」も頻繁に起こっていた。その意味ではどっちもどっちだが、生徒の顔を殴ろうとした拳が、それを避けようとした鼻をかすめてしまい、鼻骨を骨折した、などという事件も起きていた。

昨今ならニュースになり、「体罰教師」として吊し上げられ、処罰されるのだろうが、当時は日常茶飯事だったからか？　それとも隠蔽するのが上手だったからか？　今となっては突き止めようもないが、全く表面化することはなかった。

さまざまな体験が身体に刻み込まれ、中学校を卒業する頃には「教師になる」という将来の進路希望をはっきりと持っていた。残念なことに、「あんな先生になりたい」という素晴らしい教師に出会ったからではなく、「教師になって、学校を変えてやる！」という思いを強く抱いていた。それがいかに遠く、険しい道であるかを知る由もなく。

拙著『公立中学校における教育相談推進を妨げてきた要因の考察』（京都大学大学院入試論文　２００４年）の「あとがき」では次のように締めくくった。

「自分が中学生だった昭和50年代前半、私の中学校が特にその傾向が強かったのであるが、『超管理主義』とも言える、押さえつけ・教え込みの教育が行われていた。力の強い体育教師が生活指導主任として君臨し、問題行動に対しての厳しい指導は元より、非行の芽と思われるもの（教師の主観・偏見にすぎないが）も学校へは寄せ付けない、徹底した生徒指導が行われていた。

そして、私たち当時の生徒は、『君たちはとても良い子だが、覇気がない！』と、その原因が生徒にあるかのように言われ続けた。

その後、昭和58年をピークとし、都内全域で中学校が荒れた時期があり、私の母校も他に違わず、問題行動が横行した。バレーボール部のコーチ・夏休み中の水泳指導員をし、また、妹が在校していたことなどもあって、その頃の中学校の実情はつかめていたと思う。そして、自分が通っていた頃の中学校の教育を振り返り、『管理し押さえつけられれば、そこから逃れようとする中学生の有り余るばかりのエネルギーが堰を切ったように流れ出し、その衝動・衝撃はとどまることを知らず、教師の力だけではどうすることもできないほどの激流と化してしまっても仕方がない』と、教師となって10年足らずを経た今でも思われてならない。

そして、在職している学校は元より、研修等を通した東京都内の公立中学校のさまざまな情報、教育の現状を省みると、管理主義の教育と中学生の有り余るエネルギーとの衝突という構図があり、管理主義教育が優位に働き、学校は落ち着いているが生徒に覇気が感じられない時期と、中学生の有り余るエネルギーが優位に働き、学校が荒れている時期が交互に繰り返されてきただけと考えて取ることができる。こうした流れに歯止めを掛けることは絶対に必要であり、そのために教育相談が担う役割は大きい。個々の教師の教育観を変革するためには教育相談推進が必要であり、教育相談を推進するためには個々の教師の教育観の変革が必要である。大変難しい課題であるが、今後の研究が待たれる。」

ホッと一息　早春の候

「ワイルドだろぉ」は一世を風靡したスギちゃんのフレーズですが、あらためて〈ワイルド〉って何だろうと考えてみると、これがなかなか面白い。

2ℓのペットボトルのコーラのキャップを、いきなり捨ててしまうという印象深いネタがありましたが、それをして〈ワイルド〉と言ってしまうと、何か愚の骨頂のようなイメージが付きまとってしまいます。

臨床心理の大家だった故河合隼雄先生は次のように言っています。

「英語にはワイルド（野生の）といういい言葉があります。ワイルドは恐ろしいものとは限らない。野に咲くすみれもワイルドである。現代文明は、人間が生きてゆくのに必要なワイルドなものを排除しすぎたのではなかろうか。」（河合隼雄著『臨床教育学入門』岩波書店　1995年より）

〈ワイルド〉は「人間の心の自然の働き」であり、「もっとも粗野なままで出すと暴力になる。（中略）現代人として生きる者は、自分の自然の心の働きを社会に受け入れられる形で表現できなくてはならない。」と続きます。

そして、子どもが「ワイルドなものを適当に体験することの大切さ」と、「難しさ」を説いています。

そうやって考えていくと想像（イメージ）の世界で、ユーモアたっぷりに〈ワイルド〉を言い放つスギちゃんの笑いが、現代人の心にヒットしたのもうなずけるような気がしてきます。

みんなも、上手に〈ワイルド〉を表現していってほしいと思っています。

第2章

教員養成大学のはずが

――東京学芸大学でのぐだぐだな日々

＊浪人生活を経験して

高校は、かつての、そして、昨今の超名門・東京都立A高校だったが、私が在学した頃は、とんでもなく落ちぶれていた時代だった。「群制度」という受験システムで○群を受験したのだが、合格してもA高校かB高校かC高校のいずれの高校に進学するか分からない、というわけの分からない制度だった。

それでも高校の3年間は、中学生の時にやり残したことを叶えられたり、「熱血」と呼ばれるほど色々なことに必死で取り組めたり、一番に戻りたいと思える時代となった。

まずは1年生の秋の文化祭で「ロックバンド」の夢を叶えた。クラス発表だったので、教室をライブハウスにつくり替え、この時はキーボードを担当した。ピアノをレンタルし、借りに行った楽器屋の金木犀が最高に香っていたのが強く記憶に残っている。その時の最高の喜びとリンクしているのだろう。

部活動はというと、当初はもちろんバレーボール部に入部した。大好きな部活動を存分に味わえるとあって、4月の初めから毎日が充実していた。

ところが、5月に入って間もない頃、学校裏手の神社の石階段をウサギ跳びなどで上るトレーニングをしていた時のこと、もう最後の種目というところで、階段の中程で全く動けなくなり、グロッキー状態で担いで運ばれたのだった。

体力には自信があったので、これにはかなりショックだった。病院で精密検査をすると、不整脈ということで、激しい運動にドクターストップがかかってしまった。

1学期のうちはぐだぐだしていたが、母親譲りの心臓の弱さと断念し、自分のペースでトレーニングできる個人種目ならと、50m走でいいタイムを叩き出していたこともあり、陸上競技部に入部した。1年生の秋のことである。そして、ここで思いもよらない出会いが待ち受けていた。

同じ頃、やり投げを志望する同期が陸上競技部に入部してきた。ある日の練習で、その同期の練習相手になろうと思い、向き合って投げ合うと結構いい感じで飛ばすことができた。どうやらバレーボールのスパイクの動き・肘の使い方などがやり投げと合致していたらしく、2年生の春、ほとんど練習もせず、ぶっつけ本番で試合に出てみると、A高校の歴代記録十傑に入る記録が出てしまった。

そうなると楽しくなってきて、やり投げ選手としてやっていくことになるのだが、もう一つ、全くの偶然の出会いとして、いつもスポーツ用品を買いに行っていたお店で、「注文で取り寄せたのに、取りに来ない」というやり投げ用のスパイクをただでいただけることになった。それこそこの出会いがなければ、やり投げ専門にはやっていなかった、と思われてならない。

2年生秋には歴代1位を叩き出し、体のこともあって、一度は引退しようと決めていた。ところが、顧問の先生が走り幅跳びでの日本選手権出場を決め、国立競技場に応援に行った時のこと。

それまでやり投げの記録が低調だったため、審判は75mあたりにいた。その頭上を遥かに越えていく一投があり、振り返って追いかけようとした審判の足が芝に取られ、ヘッドスライディングをして靴が吹っ飛んだ。それに競技場全体から笑いと拍手が起こった。続いて、「ただいま日本新記録が誕生しました！」のアナウンスが入り、大喝采となった。後にロサンゼルスオリンピックで入賞を果たした吉田雅美選手だった。

するとと低調だったはずのやり投げが目覚め、それまでの日本記録を持っていた武田敏彦選手も意地の一投を見せ、当時は珍しかった80m越えを記録したのだった。

思いっきり感動した私は、その日の帰りに顧問の先生に、「やり投げ、続けます！」と言ってしまっていた。

3年生の春、都大会出場は果たしたものの、決勝進出には22㎝足りなかった。関東大会へ行くつもりでいたため、3回中の2本がファールだったという後悔ばかりが残った。

そんなこともあり、体育系での進学を決めたこともあって、11月まで部活動を続けることになった。

体の方はというと、弱いところとうまくつき合えるようになっていた。考えてみると、そう無理なく運動できる部活動だったことが幸いしたと思う。活動は週に4日。平日の火・金曜日は、定時制のある高校だったために5時に終わらなくてはならず、実質1時間半ほどの練習。2年生の冬場には毎日昼休みにウェイトトレーニングをするなど、それなりの努力はしたと思うが、それにしても東京都のランキングで16位（都立校では二番目）は、体の強くなかった私には上出来だったと言える。

高校生活を謳歌し、11月まで陸上競技部を続けたこともあり、大学浪人をすることになってしまった。

といっても、実はとんでもない失敗をしていた。高校1・2年生の頃、全くと言っていいほど勉強をしていなかった私は、当時の「共通一次試験」の社会の受験科目に、3年で履修する日本史を選択した。

苦手なのは分かっていたが、3年生になって、これから習うということだけで選んでしまった。もし、日本史ではなく、浪人時には替えて選択した得意の地理にしておけば、もう30点は上乗せでき、現役で合格していたのではないかと考えられるのだった。

「身から出た錆」とはいえ、何とも恥ずかしい限りである。

浪人時代は、いわゆる「宅浪」だった。週に3日は競技場などでトレーニングをした。「共通一次試験」の後の2次試験はやり投げを3回投げるだけのほんの10分ほど。

高校の先生をしていた叔父に、「『宅浪』はダメだ!」と言われたが、苦手の国語科目だけは大手の塾に行き、図書館通いなどもしながら、何とかやり切ることができた。

それにしても偶然が偶然を呼び、次々に人生を変えるような出会いがあって、なんだかんだと「東京学芸大学教育学部保健体育科」に入学の運びとなった。

✻ 麻雀と出会ってしまって……

大学の陸上競技部でまず教わったのは麻雀だった。春の早い時期だった。5月には関東インカレという大きな大会が国立競技場であったが、その帰りには先輩に強引に誘われ、(本当は自ら……)麻雀を朝までして、少しの仮眠だけで国立競技場へと応援に向かった。それが三日続いた。

昨今でこそ、ノーベル賞を受賞した本庶佑先生の「麻雀好き」が報道され、そのお陰で、かなり高尚なものへと印象が変わりつつあるかもしれないが、4年間の大学生活の多くの時間を浪費し、もっと勉強に、もっとトレーニングに、時間を割くべきだったろうと反省しきりだ、ということにしておく。

授業はというと、体育原理という科目でのこと。数人のグループを作り、研究発表をすることになった。3人で組んだ私は、「遊ばない子ども、遊べない子ども」と題して発表をした。

パネルディスカッションの形式での発表、および、質疑応答を終えると、途中では何の発言もなかった担当教官より、「こんな高度な話になるとは思わなかった」という、お褒めの言葉をいただいた。ただ、ディスカッションに教官がついてこられなかったという印象が残り、何とも言えない虚無感に襲われたのを記憶している。

一応、「やる時はやるぞ」ということを言いたいだけの一例。

陸上競技はというと、鳴かず飛ばずといったところ。要所要所で怪我に見舞われたこともあったが、高校時代の記録をほとんど伸ばすことができず、悔しい思いしか残らなかった。それでも3年生の冬季練習では、週に2日、短距離ブロックの走り込みに参加して、２００ｍを10本、難なく走れるようになったのは収穫だった。

そのかいあってと思いたいのであるが、平和台陸上競技場で行われた「全国教員養成系大学対抗戦」で入賞し、総合優勝に貢献することができた。その晩、後輩を誘って食べた玄界灘の寿司が抜群に美味しかったことは一生忘れられないだろう。

✻ 体育心理学研究室で磨かれて――杉原隆先生との出会い

第8章で詳述することになるが、心理学に強い関心を抱いていた私は、体育心理学に惹かれていった。1年生時の授業は真面目に取り組んだし、テスト勉強も必死で頑張った。「必死で頑張った」と言うのは、過去問とその模範解答が出回っており、それを必死で覚えたのだった。おそらく模範解答通りに全て記述できており、満点だろうと思っていた。ところが、結果はC評価。

研究室に入ってから知ったのだが、杉原先生は、その『過去問集』を入手しており、模範解答をそのまま書き写したような、自分の言葉で書かれていない回答ではC評価を付けていたとのことだった。

3年生になって、杉原研究室に入ったことによる恩恵は計り知れないものがあった。ゼミはとても高度なものだった。大学院生も牽引していて、発表に対する厳しい質問や批判的意見などが、次々に飛び交うディスカッションがなされていた。それについていきたいと、専門書を読み込んでいた。

知識を生かしつつ、「臨床的な見立て」をする意識は、このゼミで培われたように思われる。そうした切磋琢磨を余儀なくされ、少しは成長していたはずだったが、卒論でまた失態をやらかしてしまう。

序論が大事だと言われていたのだが、数々の文献からの引用のつなぎ合わせになってしまった。無論、そこまでを書き上げるのにもかなりの時間を要したのだが、杉原先生は、序論を読むなり、すぐに引用の羅列であることに気づかれ、全文書き直しを命じられた。当然のことではあるが、後々のことを考えても、まさにいい薬となった。

数々の文献を読みあさっていた甲斐あって、自分の言葉で書くとなった時には、すらすらと書き上げることができた。論文書きのノウハウを教わるこの上ない機会となった。

4年生では、教員採用試験は受けなかった。実家が幼稚園だったこともあり、幼児教育科の大学院を一応受験してみた。さすがに幼児教育を専門に勉強してきた人たちにかなうわけもなく、見事に落ちた。卒業式を終えて間もない頃、研究室を訪れると、杉原先生から叱咤激励をいただいた。「背水の陣で、教員採用試験に臨みなさい。」

縁あってマンションを格安で借りられ、一人暮らしをしながら家庭教師のバイトで金を稼ぎ、缶詰になって勉強した。

ホッと一息　春うらら

タンポポとつくし。これが私にとっての春の訪れの象徴です。

小学生の頃、春になると、母や姉妹と一緒に、多摩川の土手まで行き、つくしを採って帰りました。ヘタを取るのを手伝い（というか、「食べるなら手伝え！」と言われたような）、母が甘辛く煮たつくしを、白ご飯で美味しくいただきました。

今思えば、あの頃は季節を感じながら旬をいただく、という何とも言えない風情を味わうことができていたように思います。

夏休みには、田舎の愛媛に行き、瀬戸内海で釣りをしたり、（関東ではまず食することのないベラという魚を高級魚として食べていました）、岩場でカキをカナヅチで剝がして食べたりしました。そして、冬には秋に掘ったさつま芋を枯葉の焚火の中で焼いて、ホクホクをいただきました。それにしても、この上ない豊かな食文化だったと思います。

最近では、養殖やビニールハウスで栽培されたり、魚や野菜までも輸入されるようになり、さまざまな生鮮食品が、1年中お店に並ぶようになりました。便利さとともに、何か大事なものを失ってしまったことは確かなようです。

日本の四季を——旬を——感じられるような、そんな便利さとは違った豊かさを求めてみることも、今の時代には必要なのではないでしょうか⁉

第3章

最初の講師体験
――H高校での葛藤

＊初めての「体罰」――留年生への対応が分からずに

東京都の教員採用試験に合格し、翌春を待っている間に非常勤講師の話がきた。初めて教鞭を執ったのは都立高校だった。大学陸上競技部の先輩からの依頼に応じて、かなり遠い学校だったが、引き受けることにした。2学期の4カ月間だけだった。教育実習では高校を経験しておらず、大学卒業したばかりの私にとっては何か高校の後輩を指導するような感覚だったかもしれない。

3年生男子の体育実技と、2年生の保健の授業を受けもつこととなった。

3年生はバレーボールの単元だったので、バレー部の経験を活かして、指導案を立てていった。得意種目の一つであることは伝わったと思うが、割といい感触で授業を進めることができた。

授業を終えた後の昼休み、バレーボール部を引退したばかりの生徒を中心に数名が残って、ネットを挟んでの打ち合いをした。私もまだまだ体が覚えていて、それなりにプレーすることができ、楽しい時間を過ごすことができた。いつも参加する生徒たちもこの時間を終えると満足して、弁当を食べに校舎へと戻っていった。

そんな中、思いもよらないことが起きていた。留年生をどう指導・助言していくか、という難問と向き合うことになった。まずほとんど活動に参加しない。練習の時間はチームから離れてボーッとしている。おそらく留年し、授業には出席しなければならない、という思いだけで来ていたのだろう。

ゲームとなると、コートには入るが、全くボールを追おうとはしない。昼休みに残ってバレーボールに熱中していた生徒から、留年生に対する文句の言葉が聞かれもした。

3～4回目の授業だっただろうか、ゲーム中にコートの中で座り込み、チームメートの邪魔にさえなっていた。「立ってプレーしなさい」と注意するが、無視された。

ついカッとなり、ヤンキー座りをしているその尻を、蹴り飛ばしてしまった。すると、スックと立ち、特にリアクションはなかった。その後もボールを追い掛けることはなかったと思うが、座り込むことはなかった。

授業を終え、体育館を出て行く時に、「悪かったな、蹴っ飛ばして」と声を掛けた。軽くうなずいただけだったが、「自分が悪かったし」という感じに受けとめられた。そして、それ以降の授業で座り込むことはなかった。

「古き良き時代」か、「古き悪しき時代」かもわからないが、蹴っ飛ばして良かったという感触が残ってしまったのは確かだった。

ところで、2年生にも留年生がいて、なかなかやんちゃな生徒だったようだが、私の授業では大人しく、真面目に取り組んでいた。どうやら昼休みにバレーボールを楽しんでいたその中に、この留年生の親友らしき元バレーボール部の生徒がいたようで、仲良さそうに一緒に帰っていく姿を何度か目にした。

どうやらその元バレーボール部員が「留年生」に、「あの先生、なかなかいいぞ」的なことを言ってくれていたような気がしてならない。いずれにせよ、やんちゃな生徒らとも身体活動を通したコミュニケーションによって、心通じ合えるものだなぁ、という思いを抱くことにもなった。

✻ 月曜1時間目の保健の授業——改竄《かいざん》された授業の欠席数

2年生保健の授業の1コマが、月曜日の1時間目にあった。週末金曜日から日曜日、場合によっては月曜の朝まで遊びほうけている高校生にとっては、鬼門の「月曜1時間目」と言える。

ところで、都立高校はどこもそうだったと思われるが、一つの教科の総授業時数の2割を超えて欠席をすると、その教科は落第となり、それが必修教科だった場合には、進級・卒業できないのだった。保健は必修教科なので全35時間のうちの2割である7時間を超え、つまり8回欠席すると単位を落とし、留年することになっていた。しかも、3回の遅刻で1回の欠席になるというなかなか厳しい条件もついていた。

2学期の終わりに差し掛かる頃、一人の女子生徒が、後1回の遅刻でも留年が決まる、というところまで追い込まれていた。登校してきた時には、普通に授業に参加しており、そうひどくヤンキーに見えない感じがしていたが、他校の男子生徒との交際がそうさせているらしい、とのことだった。

無論、後1回の遅刻でも留年になるという状況は伝え、注意・指導していたのだが、12月の終業式が差し迫った頃、とうとう遅刻してしまった。教室の前の扉から入ってきて、教壇にいる私に近づき、悪びれず「遅れました」と言い、席に着いた。

私は、とんでもなく気が沈んだような感じでいたが、授業を進めないわけにはいかず、重苦しいまま教壇に立っていた。

30年を過ぎて「時効」と思いたいのだが、出席簿には遅刻の印を付けずにいた。というか、付けられなかったというのが本当のところかもしれない。講師である私が、そこに遅刻の印を付けるだけで、その子の留年が決まる、という現実から逃避したのだ。

それによって、とりあえず2学期末での留年決定にはならなかったが、結局、3学期に欠席をし、留年が決まったところで中途退学した、とのことだった。

どうにも導いてやれなかった、という無力感が残ったが、その後の人生が幸せなものであってくれよ、と祈ることしかできなかった。

実はもう1事例、こちらもすでに「時効」ということにして、改竄を目にしたことがあった。3年生の体育の成績が書き換えられていたのだ。

その生徒は、体育大学の推薦受験をすることになっていた。柔道部員で、かなり強い上、主将を務めていた。しかし、残念なことに、バレーボールを大の苦手としていた。基礎的な技術もままならず、ゲームでも活躍する場面は見られなかった。ただし、手を抜くことは全くなく、苦手な種目ながらも、一生懸命に取り組んでいた。

この学期の成績はというと、5段階で3だった。どうにも8割以上はできたという評価を与えることができず、正当な評定ではあったと思う。

4カ月の講師を終え、2学期の成績・出欠などの整理をしていると、この生徒の評定が5になっていた。後々になって聞くと、無事に推薦で体育大学に合格した、とのことだった。

きっとバレーボールの授業では苦労しただろうが、4年間の大学生活を謳歌し、立派な社会人になっていることを願うばかりである。

ホッと一息　春深まり

4月の末、校門前の側溝から、首を長ぁーく伸ばし、綿毛を飛ばそうと頭を出しているタンポポを見つけました。タンポポというと、足下に背丈低く、可憐《かれん》に咲いているというのが私のイメージだったのですが、深い側溝の底から、これでもかと首を伸ばし、何としても綿毛を風に乗せて、遠くまで飛ばしてやるんだという「意志」のようなものさえ感じられました。そこでも、自然の中での生きる力がはたらいているのだなぁーと、感心させられました。

よく言われることですが、身の丈というのはとても大事なことです。人はあまり背伸びをし過ぎず、身の丈に納めておくのがいいようですし、所詮は、身の丈以上のことはできないものです。ただし、その身の丈を伸ばす努力は必要なのではないでしょうか……。

伸び盛りのみんなにも、そんな「意志」を持ってほしいと願っています。

第4章

男子全員坊主の学校

――F中学校での〔管理主義〕

✳ 都内に3校残る「男子全員坊主」の中学校

非常勤講師ではあったが、私が初めて中学校に勤務したのは、当時東京都内に3校だけ残っていた「男子全員坊主」の学校だった。まさに下町にある学校だったが、近くに官舎があり、そこからも多くの生徒が通っていて、二つの文化が入り交じった学校だった。

体育教官室には、大学の20年先輩の先生がいて、さまざまにご指南くださった。

ただ、体育の授業において、毎時間、頭髪検査があり、少し髪が伸びたと思われる頭に手をやり、指の間から髪の毛が出ていると「明日までに刈ってこい！」と指導を入れるのには、とてつもなく抵抗感を覚えた。というよりも、生理的に受け付けられなかった。

幸いにも非常勤講師だったので、その頭髪検査は一度も行わなかったが、その先輩がやっているのを目の当たりにしながら、スッと距離を取り、おそらく気がつかれていただろう嫌悪感をあらわにしていた。

ところが、平成元年のことであり、時代錯誤も甚だしい学校だと思っていたが、職員室では、「もう坊主は終わりにしていいだろう」という考えが大勢を占めているような感触だった。よく聞いてみると、実は「男子全員坊主」という校則を無くすのに反対しているのは保護者だ、ということだった。坊主だと繁華街に行ったりなどの心配が少なく、非行に走るのを抑制できる、というのだ。確かに男子中学生から、「坊主は恥ずかしい。いろんなところへ出向いて行けない」という声も耳に入っていた。

そんな学校で、軍隊のような体育の授業を持たされた。２年生２クラス合同で男女に分かれての40人ほどの授業であるはずだったが、男女合同80人の授業を指導しろ、というのだ。「80人程度をしっかり統率して動かせなければ体育教師としてダメだ」と先輩に言われ、断るすべもなく授業を行った。

２年生の３学期ともなると、すでに十分に管理が行き届いていて、「男子全員坊主」の効果もあってか、一糸乱れぬといった感じだった。

体操着からして、男子は短パンに、女子はブルマにTシャツを入れてきれいに整列し、「体操座り」で視線もしっかりとこちらに向けている。この時に初めて感じた違和感というか気持ち悪さは、そう間違っている感覚ではなかったようで、そのことについては第６章で論じることにする。

準備体操もランニングも、軍隊のようにきれいに揃っている。良かった点は、長距離走の単元であり、男子が１５００ｍ、女子が１０００ｍのタイムを計測するという授業だったが、全員が手を抜くことなく、しっかりと走りきっているのが感じられたことだ。

２時間目になると、そんな生徒の一生懸命さに惹きつけられていって、ずっとタイムを読み上げながら、５分を切りそうな男子生徒の最後の一周には、「５分を切れるぞ！」と声を張り上げ、手で「来い、来い」というようなしぐさをしながら、「４分55、56、57……」と読み上げ、58でゴールすると、「やったー！」と、熱くなっていた。

生徒たちは、どうやらそんな若い熱血教師を快く受け入れてくれたようだった。

とりあえず、80人の体育授業を一人で指揮することができるところを見せ、男女別にさせてもらうように先輩にお願いをし、聞き入れてもらった。やはり男子のみ40人ほどの授業はやり易く、教育効果も高いと感じられた。さらには一クラスだけの20人ほどの授業は、よりやり易く、そのぐらいの人数がベストだと思えた。その感覚は今なお持ち続けている。ただし、この時は、バスケットボールだったが、ソフトボールやサッカーなど大人数での球技では、ゲームの対戦相手が固定してしまうため、30人ほどがいいようにも思われるのだが。

授業の適正人数が、体育の場合は種目によって違ってくるので、授業展開における工夫が必要なのは間違いない。

❋ 文武両道を絵に描いたような学校ではあったが……

運動部はかなりハイレベルで、関東大会・全国大会へと進出する部活がいくつもあった。剣道に柔道にバドミントン、それに陸上競技。先輩が顧問でもある陸上競技部に参加し、一緒に走ったりもしたが、相当強い選手が揃っていた。後にはオリンピック選手も輩出した伝統の陸上競技部だった。

球技もレベルが高く、野球部にハンドボール部と、新人戦では都大会準優勝とのことだった。ただし、その指導は卑劣なもので、「プレーで失敗すると金槌で頭を叩かれた」と部員である2年生がぼやいて

いた。そんなことがまかり通る時代だったのか⁉

勉強もよくできた。とは言っても、どうやら官舎から通っている生徒が平均点を大幅に上げられるくらい優秀な生徒が揃っている、ということのようではあった。エネルギッシュで運動能力の高い下町の子と、落ち着いていて知力の高いエリート官僚の家庭に育った子と、そんな構図で成り立っているようだった。

そして、そんな文武両道を絵に描いたような中学校が、まさに超が付くような〔管理主義〕のもとに成り立っている、というのも私の中では皮肉に感じられた。「学校を変えてやる！」をどこに向けたらいいのか、もし、この学校から管理を外したら、どんな学校になっていたのだろうか？

第11章で綴ることとする。

ところで、この学校で出会った社会の先生からは読書に関するとてもいい影響を与えていただいた。先輩と仲が良く、よく体育教官室を訪れては私とも話をしてくださった。対話をしていて、いかにも教養が深く、「ためになるなぁ」と思うことが多々あった。

常に読んでいる本は3冊あって、1冊は家で、1冊は通勤途中の電車の中で、そして、1冊は学校で読んでいるとのことだった。

読書の苦手な私にとっては目から鱗であったが、いつからか、そんな風に読書ができるようになっていた。

そして、この社会の先生との出会いから、また不思議な出会いへと導かれていった。養護学校（現特別支援学校）と繋がりのあった社会の先生に推薦され、知り合いの校長と面接を行うことになり、即採用となった。この校長はとても重厚な方で、初任で勤務するには絶好の学校だったのではないか、という思いを少なからず持てるほどだった。

ホッと一息　5月を迎えました。

Ｈ中学校前庭の藤棚が、４月中旬より見事に咲き乱れています。暖かい陽気のお陰で、少し早いようにも感じられます。

毎年この季節になると思い出すことがあります。それは、私の中学生の頃のことです。実家の庭に藤棚があって、この時期それは見事にきれいな花を咲かせてくれました。

花が散って夏になると、今度は茎葉がうっそうと茂り、虫も湧いて、少々やっかいになってしまいます。植木屋さんに頼むのはもったいないと、私がいくらかの小遣いをもらい、藤棚に上ってうっそうと茂った茎葉を思いっきり剪定《せんてい》していました。

本来であれば、ここは切り残さなければならない、ここは切り落として良い、という専門の知識が必要なのでしょうが、ただただ、邪魔にならないようにとバッサバッサと切り落としてしまったのです。おそらくそのせいで、２～３年後だったでしょうか、花が全く咲かなくなってしまいました。大事な大事な芽を摘んでしまったのだろうと残念でなりませんでした。見事な花を咲かせるために、どこを伸ばしてやったらいいのか、どこは剪定してあげなければいけないのか、よくよく考えなければなりません。

自然や生命《いのち》と向き合うというのは本当に難しいことなのだなぁー、と今更ながらに感じられています。

第5章

新規採用は養護学校

――S養護学校で培われた「反体制精神」

✻ 初任者研修会と日本心肺蘇生学会講習会

夏のある日、養護学校教員対象の新任研修において、指導主事による「心肺蘇生法」の講義が行われた。体育科教員であるので、その概要は理解し、実習なども行っていた。

ところが、その指導主事が驚くべきことを言い放った。

「プールで溺れた時などには、即座に心肺蘇生を行わなければならない。ただし、〈心臓マッサージ〉は、3cm押せばいい。5cmも押して、あばら骨でも折れたら大変なことになる。3cmでいい。『〈心臓マッサージ〉をやった』という事実が残れば、仮に助からなくて、裁判になったとしても、負けることはないから」

翌年、今度は日本心肺蘇生学会主催の心肺蘇生法講習会に参加した。救急外来を始めとする、医師の集まりの学会だった。

そこで講義をされたお医者さんは、次のように述べられた。

「〈心臓マッサージ〉は、5cmはしっかりと押してほしい。とにかく心臓に届かなければ意味がない。もし、肋骨が折れて、肺に刺さったとしても、心臓さえ動かしてくれていれば助けられるから。何としても心臓を動かし続けてほしい。」

指導主事の言葉を聞いた時の衝撃は、一生忘れられないだろうし、教育行政への疑念・不信が根付いたことは言うまでもない。そして、その後の学校、教育現場におけるさまざまな問題が生じ、その「問題の所在」の解明を図ろうとする時に、その疑念・不信が湧き上がり、息づいてくるのである。

「子どもの命」を、「子どもの人権」を、どう考えているのだろうか?

＊国旗・国歌をめぐる管理職と組合の闘争に巻き込まれて

私の新規採用は平成元年だった。それ以前に非常勤講師で公立高校、公立中学校を経験していたが、新任としての勤務先は、養護学校（現特別支援学校）の高等部だった。

この学校での新規採用が私一人だったため、当時はまだ影響力の強かった組合が、何としても私を組合員に勧誘しようと躍起になっている様子だった。

4月当初、7人の組合員の先生に私一人が囲まれて座らされ、組合の活動等についての説明を受ける羽目になった。それほど組合というものに対して抵抗感を持っていたわけではなかったが、この時を境に、嫌悪感すら抱くようになったことは言うまでもない。

一人の先生から丁寧に説明を受けていれば、今頃は先頭を切って、組合活動をしていたかもしれない。

全くもっての戦略ミスとしか言いようがない。

この時代、国旗・国歌をめぐる闘争が教育行政と組合の間で起こっていた。平成元年度の卒業式が、国旗（日の丸）・国歌（君が代）を正式に儀式的行事に位置づける最初の年だったかと思う。職員会議では幾度も、そして、時間を掛けてやり取りが繰り返された。

体育科教員である私はスポーツの世界で育ってきたし、どの競技種目に限らず、日本が世界大会で優勝し、日の丸が揚がり、君が代が流され、斉唱されることに抵抗を感じてはこなかった。むしろ、誇らしいこととしてとらえていたため、その歴史性を強く含んだ議論、と言うよりも、それぞれの主張の応酬には辟易していた。

そうこうしているうちに、卒業式が目前に迫り、埒が明かないとばかりに、管理職から、「『日の丸』は、式場には持ち込まず、グランドのメインポールに掲げる。『君が代』は、全員起立の上、テープで曲を流す」という具体的な方法が提示された。これ以降は組合の反対意見に耳を貸すことはなかった。

卒業式の当日を迎え、出勤すると、グランドのメインポールには日の丸が旗めいている。「体を張って断固拒否」ということにはならなかった。

そして、卒業式の開式直後、国歌斉唱となりテープが流される。スイッチを押した教頭が司会者席に立ち、一人大きな声を張り上げて歌っている。そんな中、教員席では組合員であろう起立しない教員がまばらにいる。さらには、生徒の補助のために卒業生席に一緒に座っている教員の中にも、腕を組み、足も組んで座ったままの組合員がいる。

するとその隣で、司会者の「ご起立ください」で立っている卒業生の一人が、「先生、立ってよ！　ねぇ、立ってよ！」と大きな声で呼びかけ、腕を引っぱって立たせようとする姿が見られた。

この時の殺伐とした、とてつもなく異様な空気は、誰にも察することができるのではないだろうか。ある意味、式の最初にして、卒業式をぶち壊されたと言っても過言ではないと感じられた。

このことがあって、わけも分からず、「先生、立ってよ！」と騒ぎ立てた卒業生のことを思い返しながら、翌年度からは職員会議でも積極的に意見を述べるようになった。

そして、組合の集まりに出向いては話を聞き、また、校長室に行っては話を聞き、あの異様な空気だけは避けなければならないと奔走した。

両者も対面していなければ少しずつ本音を漏らしてくれる。絶対反対を掲げていた組合からは、ぶっちゃけ、『昨年度並み』なら許容範囲」との組合長の言葉が漏れる。

今年こそ「式場に『日の丸』を掲げ、ピアノ伴奏での『君が代』斉唱」を提示していた校長からも、「『昨年度並み』を受け入れる」との譲歩が得られた。

後は、「君が代を流す時には、何とか全員起立だけはしてほしい」と、懇願するばかりだった。

そうこうしているうちに、4年間の養護学校での勤務を終えた。異動が決まり、校長室で内示を受けた際に、「来年から小林先生がいなくなるから大変だ。卒業式がどうなることやら」と校長が吐露された。校長も教育行政における中間管理職なんだということを、この時初めて痛切に感じさせられた。

令和2年度現在、「『職務命令』で起立させなさい」と教育委員会から通達が発せられている。前述のような混乱を避けるためにだろうと頭では理解できなくもないが、どうにも気持ちがついていかない。混乱を避けるために起立はするが、君が代を声高らかに歌う気にはなれない。「にんげんだもの……」

ホッと一息　夏　あさがお

私にとって夏の花というと、物心ついた頃から朝顔だったように思います。庭の花壇に竹竿で蔓を巻き付けるための格子《こうし》を組み、見事に咲き乱れた後には種を採取して、翌年の夏に備えたものです。何か面白い記事が書けないかと、『広辞苑』で朝顔を調べて見ました。すると、1番目には、「朝、起き出たままの顔。寝起きの顔」とありました。思い浮かべたのが、酒を飲み過ぎた翌朝の、パンパンに腫れ上がった顔だったので、可憐《かれん》な朝顔の花とのギャップに、思わず笑みが漏れるような感じでした。

そして、2番目に「ヒルガオ科の蔓性の一年草」とありました。面白いもので、朝顔はヒルガオ科なのですね。もちろん昼顔という花もあって、こちらは「蔓性の多年草」で、名前通り昼に咲いて、夕刻にしぼむのだそうです。

観賞用として普及した朝顔と、乾燥させて薬にしたり、若芽は食用にもした昼顔と、それぞれに違ったかたちで人々の生活を潤してきてくれたというのも面白いところです。

ちなみに、サツマイモもヒルガオ科と記されていました。ホクホクで美味しい焼き芋を思い浮かべながら、また全然違った感じになっていって、どんなDNAで、どうつながっていくのか⁉

第6章

絶海の孤島に赴任して

――R中学校での迷走

＊観葉植物の葉が黒く見えて

離島の中学校を希望し、太平洋のど真ん中、人口250人ほどの小さな島に赴任した。

歓迎会の宴の席、ほどよく酔った頃に、PTA会長が隣にドカッと座ってくる。恰幅のいい、良く日に焼けた港の男からは、威圧感さえ感じられる。そして、あぐらをかいている私の膝をバンと叩いて一言、「先生よぉー、どうせ腰掛けなんだから、精一杯やれるだけのことやって、出て行きなよ！」と。私としては、腰を据えての心づもりでいたので、これには閉口してしまう。

しかし、「そんなことはない」とは言えない。「かつて、島に赴任して1カ月あまりの5月の連休（ゴールデンウィーク）に、実家（本土）に帰省し、そのまま二度と島には戻らなかった先生がいた」という話を聞いていたからかもしれない。絶海の孤島とも言えるこの島での過酷な生活に耐えられなかったという過去の話は、少なからず影響していたと言えるだろう。

そうではあったが、PTA会長に「どうせ腰掛けなんだから」と言われたことで、何くそ根性に火がつき、「絶対に2年では出ないぞ！」と心に誓った。そして、結局のところ5年間も居座ることになった。

赴任して間もない週末、桟橋に海を見に行くと、大勢の人が釣りをしている。その中の一人、Iターンでこの島に来て、村役場で働いていたKさんが、釣った赤イカをその場でさばき、醤油をたらして食べさせてくれた。そのうまさ、ハンパない甘さと言ったらたとえようのないもので、この島での生活を潤すのに十分だった。後にはＰＴＡ会長にもなるこのＫさんには在島中に大変お世話になった。

また、同僚の先生家族にもお世話になった。同じ教員住宅に住まわれ、奥様とお子さん二人の四人家族。考えてみると、私は社会の先生と良い縁があるようだ。

お宅にお呼ばれし、その先生が釣ったメジナを島寿司にして、ご馳走していただいた。こちらもそのおいしさと言ったらハンパない。ビールもすすんだが、翌日言われたのが、「メシを４合も食ったね」だった。とんでもない大飯食らいを恥じる気持ちも湧いたが、「どんだけ食うんだろうかと、見ていて気持ちよかった」と言っていただいた。全くもってありがたい。

こうした方々の支えによって、５年間も頑張れたのだろう。

とは言うものの、小さな島での生活はかなり厳しい。ことに冬場は十日も船が着かないと、島に二つある食品店の陳列棚はどんどん寂しくなっていく。当然のことながら、パンや生鮮食品は全く無くなる。やっと船が朝方に着いても、退勤時間まで買いに行くことはできない。夕方、帰宅途中に寄ると、少しだけ野菜が残っていた。長ネギ１本を差し出し、「これ、ください、いくらですか？」と聞くと、「五百円」と返ってきた。さすがに高すぎて買えなかった。

後になって聞いたところによると、島の人にはもう少し安かったらしい。足下を見られたものだと悲しくなるが、それが平成６年当時の島の現実だった。

そういえば、ストレスが溜まり、夜は寝付かれずに眠りも浅いように感じていた頃、朝起きると、部屋に置いてある観葉植物の葉が黒くなっていた。前の日までは確かに緑色をしていたのに。

おかしいとは思いつつ、眼科医がいるわけもなく、しばらくそのままにしてしまうことになる。そして、数カ月が経ち、眼科検診に眼科医が島を訪れた際に診てもらったところ、「中心性網膜炎だろう」ということだった。

数週間後に出張で島を出た折、大学病院の眼科で診察してもらうと、やはりそうだった。網膜に小さな穴が空いている写真を見せられ、「ストレスが原因」と説明を受けた。「そのままにしていてもふさがる可能性はある」とのことだったが、島に戻ってから悪化したのでは手の打ちようもないと思い、レーザー治療を受けることにした。

帰島すると、部屋の観葉植物の葉は、緑色に戻っていた。

＊「組み体操」における大失敗

こうした島では、小・中学校合同、保育園も参加しての大運動会は、村を挙げての一大イベントである。そして、そのメインの取り組みに「組み体操」があった。中学全校生徒で作り上げる「組み体操」で、男女合同で行ってきているとのことだった。

この年、全校生徒数は17人。養護学校で取り組んでいた「組み体操」は、男女合同に丁度いい難易度であるように思われ、それを活かそうと考えていた。しかし、そうとばかりにはいかない。過去に取り組んできたレベルをそうそう下げられるものではなく、5段ピラミッドに、3段タワーは避けられそうもない。生徒たち自身がそれを望んでいた。

5段ピラミッドは、小さな女子も含めないと組めず、しかも最下段の真ん中という要《かなめ》を、一番力持ちの2年生女子がやることになった。というか、「私がやる!」と言って、「5段ピラミッドをやることを何としても譲れない!」といった勢いだった。さすがにみんな気合いが入ってはいたが、要の女子の両隣の男子の方がヒィヒィ言って、なかなか最後まで組み上がらない。何とか運動会当日には間に合い、見事に5段ピラミッドを完成させた。これには恐れ入った。

3段タワーは、というと、本当に悲しい事故が起きてしまった。私の指導法に問題があったと言わざるを得ないが、2段目までを組んで練習している最中、内側に崩れてしまい1年生女子が膝を痛めてしまった。残念ながら靱帯損傷。「組み体操」どころか、運動会の全ての競技種目に出場できなくなり、見学することになってしまった。まさに痛恨の極みだった。

そんなことがあっても「組み体操」を取り止めるわけにはいかず、3段タワーを諦め、2段タワーの上の生徒が直立のまま後ろに倒れ、それをみんなで受けとめる、という手法に変更した。倒れた時には、「オー!」と驚きの声があがったが、後になって、「なんで3段タワーやらなかったの」的な島の人の言葉は耳に入ってきた。

翌々年からは、「応援パフォーマンス」と称し、紅白に分かれ、いわゆるマスゲーム的なダンスパフォーマンスに変更した。それであれば小中学校合同、つまり小学1年生から中学3年生までの縦割りでできる、と提案し、受け入れられたのだった。このあたりは、小中学校併設校で、職員室も一緒という風通しの良さ、極小規模校という小回りの良さが存分に生かされた取り組みとなった。

「翌々年からは」とあるが、実は翌年の春先から2カ月もの間、病気療養で島を離れることを余儀なくされたのだった。その間は、体育科教員だった副校長が体育の授業を受けもち、運動会も担当してくださった。

退院し、島に戻って運動会の話をした時に、島に嫁がれていた先生から、「さすがに副校長、『組み体操』も安心して見ていられた」と言われ、熟練の大切さを思い知らされたのだった。

＊全身に雷が落ちたような

病気療養というのは、頸椎の椎間板ヘルニアの手術のためだった。

この島では、社会体育バレーボールというのが盛んで、金曜日の晩にいい汗をかいて、みんなで一杯やるというのが慣習であり、中学生時代から大好きだったバレーボールでもあるので、極上の楽しみとなっていた。

島に赴任して4カ月が経った頃、いつものように学校の体育館でバレーボールをやっていた時のこと、そう無理な体勢でもなく、普通にオーバーハンドパスでトスを上げると、雷が脳天から落ちて、ビリビリっと電気が激しく流れたような痛みに苛まれた。しばらく動けず、体のしびれが治まるのを待って、何とか普通に動けるまでには回復した。

本来であれば、それほどのことがあったならば、すぐに病院に行くのだろうが、そこがまさに島のネックであり、診療所に一人の医者が常駐してはいるものの、当時は内科医の先生で、「まともにレントゲンが撮れない」という噂を耳にしていた。

数カ月の後、隣の少し大きな島の病院に「整形外科の先生が検診に来ている」と聞き、診てもらうと、都内の大病院で精密検査を受けるべきと紹介され、流れのままに手術をすることにまでなった。

2カ月の入院と1カ月の自宅療養と。後になって思えば、そういう長期の休みが許され、戻った時に温かく迎えてもらえたことは、大変恵まれた環境だったことは間違いなく、感謝の念を伝えなければならない。

副校長には当然であるが、校長も「体のことを一番に」と、すぐに長期療養を承諾していただいた。また、この島の出身で、島の教育を長年支えてきた御長老の教育長の温かい目はとてもありがたかった。

＊肥満化し、マラソンと出会って

長い病気療養があり、また、魚介類を始めとする島のおいしい飯をたらふく食べ、どんどんと肥満化してしまった。島に赴任する前と比べ、17㎏も増えてしまっていた。このままでは授業をするにもしんどいので、何とか痩せなければと思い立ったのが、マラソンだった。

その頃、高校陸上競技部の後輩が、毎年つくばマラソンに出場していると聞いていて、一度はフルマラソンを走りたいと思っていたこともあり、一緒に参加することに決めた。

元々はやり投げ選手だった私にとってはなかなか厳しい走り込みではあったが、ウエイトトレーニングと併用し、筋力で走り切ってやろうと、3カ月間、ハードな練習に励んだ。

つくばマラソン当日、後輩は1キロを5分のペースで走り、3時間半を切ることを目標にしていた。行けるところまで付いていってやろうと意気込み、20キロ過ぎまでは一緒に行けたのだが、そこからが地獄だった。ペースダウンをして走るも、次々に足の筋肉が痙《つ》っていく。何度となく立ち止まって伸ばすが、簡単には治らない。30キロを過ぎるととうとう足の前面も、後面も、ありとあらゆる筋肉が痙ってしまっていた。

そうなると歩くしかない。ストレッチや体操を繰り返しながら、やっとゴールまで後1キロのところまでたどり着いた。時計に目をやると、4時間まで後7分。そうなると、何とかサブフォー（4時間を切ること）を達成したいと、最後の気力・体力を振り絞って棒のような足を引きずって走った。

記録は3時間59分50秒。これまでに経験したことのないような苦しいラスト10キロを耐え抜き、削り出したこの10秒は何にも代えがたい素晴らしい財産となった。もしも10秒超えていたとしたら、天国と地獄ほどの差があったであろうことは間違いない。

そのお陰もあってか、一度だけ走ってみたかったフルマラソンを15回も走ることになった。

＊「鉄いじりをするな！」

ところで、島に赴任することになり、バーベルとベンチプレス台を持ち込んだ。

養護学校では、「生徒の体力強化のために」とウエイトトレーニング用のマシンが用意されていた。いや、「トレーニング用具がほしい」と言ったところ、その名目で購入してくれたのだった。

そのため、いわゆる「空き時間」には体力維持・向上のために、そのマシンでウエイトトレーニングを行っていた。養護学校では、「『空き時間』にトレーニングとは偉い」と管理職を始め、多くの先生方からも賞賛されていた。

ところが、この島の学校では、「空き時間」にウエイトトレーニングすることを良しとはされなかった。むしろ、さまざまな雑用をしなければならないということか⁉　ことに地元の重鎮である事務員さんに告げ口され、体育教員ではない校長から、「私も若い時にやっていて『鉄いじりはやめなさい』と注意された！」と指導を受け、「空き時間」のウエイトトレーニングを禁止されてしまった。

極小規模校であるため、「空き時間」はかなりあった。そのほんの一部だけであったのだが、致し方なくウエイトトレーニングは勤務時間を終えてからするようにした。

果たして「空き時間」に体育教員が体力維持・向上のためのトレーニングを行うことは許されることではないのだろうか？　何とも言えない息苦しさを感じざるを得なかった。

こんなこともストレスの一要因に……。

✻教育相談部新設――「カウンセリング好き」のその先に……

3年目には、生活指導主任に抜擢された。小さな島で、村中の人たちの目も行き届いていて、そうそう悪さができる環境でもなかった。生活指導上の大きな問題が発生することがあまり想定できず、安全管理・衛生管理には気を配るようにしていた。

そんな中、いじめが表出し、その対策・解消に奔走することになる。この時に初めて「いじめ防止対策」の難しさを痛感させられたのだった。

いじめは次々に移っていく。それまでいじめられていた子が、今度はいじめっ子へと替わっている。

さらには、この島においては島文化に根ざした深い問題がある、と見立てられ、それにも翻弄されてしまった。

地元出身ではないために、「よそ者扱いされる」というのはどこにでもあることだが、この島の中でも、小さな島の生活を守っていくために選ばれた「27軒衆」と呼ばれる家があり、長年に渡り一子相続で島の中心を担ってきた。その27軒衆ではない島出身の家庭は、やはり肩身の狭い思いをすることがあるように感じられた。

当初は、島出身ではないよそ者がいじめの対象となっていた。その子から話を聞き、また、加害者と名指しされた子や、その周辺の子からも話を聞いた。

放課後、地域の開発センターまで足を運び、遊んでいる子らを呼び出して、長い時間を掛けて話をしたりもした。

そうこうしているうちに、今度はそのよそ者の子がいじめる側に回っていた。対象となったのは、27軒衆ではない家庭の子で、よそ者の子とは親友のように仲の良かった子だった。それまでいじめを受けていた鬱憤《うっぷん》が溜まっていたのだろうか、今度はかなり長引き、陰湿化していった。

私は加害者の中心となっているよそ者の子を強く指導し、制することができず、やはり話を聞くことに終始していた。

なかなか収拾がつかず、私が右往左往していると、いじめを受けている子は、歓迎会で私を腰掛け呼ばわりしたPTA会長の子だったのだが、そのPTA会長が自ら村の衆を集め、「自分のところの子がいじめを受けている」と話をした。その席に私も立ち会ったのだが、決して加害者の子を責めたりはせず、「子ども同士にはありがちなこと」とし、「みんなに知ってほしかったのは、思い詰めて、海に身投げでもしたら困るので、見守ってほしい」と嘆願したのだった。

この姿勢には感服した。島文化の厳しさを身にしみて感じているだろう父親の態度、発する言葉に引き込まれていた。そして、そのかいあってのことと思われるが、ハッピーエンドではないにしても、いじめは収束へと向かっていった。

この時ほど「よそ者教師」の無力感を感じたことはなかった。

ただ、5年が経ち、離島する直前に、最初にいじめを受けていた、そして、加害者へと転じたよそ者の子の母親から、「家では、話を聞いてもらって、とても感謝していたんですよ。」とありがたい送別の言葉をいただき、救われた思いがしたことを忘れられないでいる。

この事例のような、話を聴くスタイルの生活指導主任は、「いじめ防止対策」という難しい局面だったとはいえ、第8章に出てくる「カウンセリング好き」だったと言えるのかもしれない。やはり「いじめは許さん！」という強固な姿勢と厳しい指導が求められるのだろうか。

翌年には生活指導主任を外され、校長の計らいで、教育相談部が新設されて主任に納まった。教育相談通信『トリックスター』を発行したり、島外への研修旅行の際には、まさに「スクールカウンセラー制度」として始まったばかりの中学校を訪問し、学校における教育相談のあり様などを視察した。

残念ながら、諸手を挙げてスクールカウンセラーが迎えられている中学校は皆無と言っていいほどであり、「教育相談室」が物置と化し、お仕置き部屋のように生活指導にのみ使われている学校さえあった。

拙著『公立中学校における教育相談推進を妨げてきた要因の考察』（京都大学大学院入試論文　２００４年）のまとめにおいては、次のように締めくくった。


「東京都公立中学校において教育相談推進を妨げてきたと考えられる、最も大きな要因の一つは次の通りである。

問題行動を起こした生徒等に対して、教師が何らかの働きかけを即座にしなければならないという、教育現場である学校の「空気」のようなものが存在している。それは、以下のようなさまざまな要因が絡み合って作られている。
①脈々と受け継がれ、重んじられてきた訓育的生活指導によって生徒指導は行われるべきとする、学校や個々の教師の教育観。
②教師自身のパフォーマンスを追求する（生徒はその道具）、エゴイズムや自尊心。
③保護者や地域社会の期待・要望。」

ホッと一息　向夏の候

毎年夏の訪れとともに思い出す、茶道の始祖と言える千利休という人の印象的な話があります。

茶室へと通じる日本庭園の石畳に沿って垣根があります。利休は、その垣根に朝顔の蔓をはわせます。夏の盛りの日、咲き乱れた朝顔の花のうち、真ん中に咲いた立派な一輪だけを残して、後の花を全て摘んでしまいます。

石畳を歩き、茶室へと向かっていくと、その横の垣根に朝顔の蔓が巻きつき、その真ん中にたった一輪だけ朝顔の花が凛と咲いているのです。

私は、その風情を思い浮かべただけで、ゾクゾク／ワクワクしてきます。道を極めようとした利休の数百年も前のひらめきに、想像力をかき立てられ、胸躍るというのは奇異に聞こえるかも知れません。が、どのような道でもそうですが、極め尽くしたところにある何かは、何十年・何百年経っても色あせることがないようです。

この夏、みんな一人一人が、そんなゾクゾク／ワクワクするような体験を、たくさんしてほしいと願っています。

第7章

山間《やまあい》の極小規模中学校にて

――O中学校における学校文化考

＊希望の僻地小規模校へ

絶海の孤島での5年間を経て、異動希望を出した。「僻地の小規模校で、教職員住宅に入居できる」ということを要望した。しかし、2月末日、最初に異動先として提示されたのは、僻地小規模校でもなく、教職員住宅からもほど遠い、H市の中学校だった。

まさに絶海の孤島で5年間もの長きに渡り、教鞭を執ってきた者に対しての非情な異動要請に怒りを覚え、当初の要望が叶えられるよう、校長に直談判した。顔を突き合わせて怒鳴り合ったこともあった校長ではあったが、その通りだとの理解を得て、教育委員会に再度、私の要望が聞き入られるように打診してくれた。

そのかいがあって、山間の極小規模中学校への赴任が決まった。小学校との隣接校で、校舎は隣り合わせだが、校庭と体育館は共用という、R中学校での経験が生かせる同系統の学校だった。ただし、職員室が違っていることで、小学校の先生との意思の疎通には障壁が感じられることが少なからずあった。「空き時間」の制約は特になく、マラソンのためのトレーニングや、次章に出てくる大学院の受験勉強にも、多くの時間を用いることができた。無論、そのトレーニングや受験勉強が学校現場での教育実践に生かせるものと理解を得られてのことである。

教職員住宅は最寄り駅が近く、通勤は車で20分。自然豊かな中で快適な生活が送れる環境となった。

❋ 道徳授業地区公開講座でのこと――『臨床教育学研究室紀要』寄稿論文より

この年、私の学校は道徳授業地区公開講座を開催すべく教育委員会より指定を受けていた。そのため、私は学級担任をしていた3年生の道徳の授業を公開で行った。単元は奉仕の精神に決め、教材は星野富弘の詩画集『鈴の鳴る道』(偕成社 1986年)のうちの一編の詩「雨」を選択し、学習指導案を作成して準備を進めた。

公開講座当日は、町の教育長を始め、近隣の小中学校の教師や、また、地域の民生委員など多数の人が授業参観に訪れた。

「雨」　　　星野富弘

じゃがいも畑の横の道を
その子は　後をつけてきた
麦畑をすぎ
墓場の角をまがっても
桃色のスカートを揺らせ

心配そうに　ついてきた
「ありがとう」
家のそばで　私がいうと
その子は　黙って
帰って行った
くるま椅子で
雨に降られた日のこと

詩を読んだ後で、いかに星野富弘が寝たきりの状態で筆を口にくわえて絵を描き、詩を詠んでいるのかをテレビの特集番組を録画したものを映像で流した。そして、3人の生徒それぞれに詩を音読させた後、次のように発問をした。

「この女の子は何歳ぐらいだと思うか？」

「なぜこの女の子は星野さんの後をついていったのだろうか？　この時の気持ちはどんなだっただろうか？」

「星野さんが家まで辿り着き、『ありがとう』と言われた時、この子はどんな気持ちだっただろうか？」

などなど、どの質問に対しても、3人の生徒は模範解答を示してくれた。

「小学校1〜2年生かなぁ」

「星野さんが車椅子なので心配でついていった」

「家まで無事に着いたので、ホッと安心して帰った。『ありがとう』と言われてうれしかった」

そして、無難に授業を終えることができ、その後、研究協議会が開かれた。

授業全体は学習指導案通りに流れたし、生徒は模範解答をくれていたし、その場での授業参観者の反応からも確かなものを得ていたので、私は自信満々で協議会に臨んだ。自評に続いた質疑応答では、やはり、とても良い授業だったとの感想を二人の方からもらった。授業内容のみならず、「詩を読む先生の声が大変素晴らしかった」と私自身に対する高い評価ももらい、少し有頂天になりかけていた。

そうしたところで、一人の民生委員の女性から、「私もいつも星野さんの詩を読んでいるけれど、星野さんの詩は本当に素晴らしい。それだから詩を読むだけでも十分。後の説明はいらなかった」と指摘されたのである。

教育長等も同席している協議会で批判されたにもかかわらず、この女性の言葉が私の中にスッと沁み入ってきて、「本当にそうですよね」という言葉を素直に発していた。

公開授業ということもあって念入りに学習指導案を立て、ビデオも準備し、当日の授業も気合いを入れて臨んでいた。その分と言って良いだろうが、発問を通して十分に理解させ、「奉仕の精神」を喚起し、ある意味植え付けたいという気負いがあったように感じられたからであろうか。用意周到に思索した学習指導案通りに進ませることに集中していたように思われるし、また、そうなったことで授業としてとても満足のいくものとなったと思えた。

そして、そうした授業に、教育関係者である教育委員と近隣の中学校の教師は高く評価してくれた。それに対して、民生委員の女性が、「後の説明はいらなかった」と批評されたことで、私はハッと気付かされた。

この言葉によってハッと気付かされたというのは、単に授業内容として「後の説明」がいらなかったというだけでなく、「いい授業」を見せることだけに躍起になっていて、苦心して考えた学習指導案通りに進めることに私が囚われてしまっていたという点だった。私が気づかせ、私が教え、私が植え付けたい。そんな思いが少なからずあったことに気づかされたのだ。

この時、生徒3人は、模範解答をもって応えてくれているのだが、よくよく考えてみると、私がいい授業を作るのに協力してくれていたのであり、ある意味では公開授業であるがゆえに、気を遣ってくれていたということが強く感じられる。

ことに道徳教育においては、その教材の持つ力（文学や詩・芸術・自然、あるいは、人間の生そのものの力）を子どもたちがそのまま感じ取れるだけで十分というものが少なくなく、そこにおける教師の働きの難しさを実感する。

以上のように『研究室紀要』に論文を執筆して以来十年余り、道徳は教科化され、大きく様変わりしてきている。無論、教科化に反対したところで、その声は届かない。教科書『新しい道徳』（東京書籍）

に記された題材をもとに、道徳を行っていくことになる。

ここ数年の道徳は「対話」を生みだそうとする意図を持った良い授業が多いように感じられる。各学年会で授業案が検討され、ワークシートを用いたグループワークが定着し、ある種の型が作られてきた。現任校でも前任校でも行われているその手法は継続していくとして、どのように個々の評価をするのかが課題となってくるだろう。

ただし、「対話」の解釈が曖昧で、うまく共通理解が図られていないようにも感じられる。「アクティブラーニング」から移行した定義が主流で、「クリティカルシンキング（批判的思考）」を働かせなければならない、とする見解が多いようではある。

現任校では、「対立が大事だ」として、賛成派／反対派に分かれて「対話」することの重要性が説かれている。

そうした語りに、少なからず問題を感じているのは、全ての生徒が、「ハッキリとした自分の意見・考えを持ち、それを明確に発言・発信できなければならない」としている点だ。

明晰な判断力で確固たる意見・考えを持ち、「100％賛成である」、あるいは、「100％反対である」と対立する中で、「対話」が生まれるかのような語りなのである。

こんな時に思い出すのが、河合隼雄先生が『こころの処方箋』（新潮文庫　1998年）において記された「心のなかの勝負は51対49のことが多い」である。

「（前略）心のなかのことは、だいたい51対49くらいのところで勝負がついていることが多い（中略）51対49という僅かの差である。しかし、多くの場合、底の方の対立は無意識のなかに沈んでしまい、意識されるところでは、2対0の勝負のように感じられている。サッカーの勝負だと、2対0なら完勝である。従って、意識的には片方が非情に強く主張されるのだが、その実はそれほど一方的ではないのである。」（70〜73ページ）

「対立している両義的・多義的な事柄の、それぞれのメリット／デメリットを考え、どちらに転ぶのも良し」というくらいのスタンスで臨んだ方がいいのだろう。

この「心のなかの勝負は51対49のことが多い」は、教師の心の持ちようとしても大事な指標と言える。最終章で述べるところの「ハートフル、カウンセリングマインド」と「ゼロトレ、ノーイクスキュース」のような対立においても、この前提に立つと、その迷いに対する心構えができるのではないだろうか。

＊〈ピアス〉をめぐる「教育」への問い――『京都大学大学院修士論文』より

私が学級担任をしていた中学2年生のT男が、夏休みにピアスの穴を空け、着けていたと部活動の顧問の先生から報告があった。そして、2学期の始業式の日に目立たない透明のピアスを着けて登校した。

T男のピアスの穴を一番最初に空けたのは母親だった。小学生時分のことであり、学校の風紀を守るために協力してほしいと要請し、それを母親が受け入れ、穴をふさいだと聞いていた。

中学生になって空けたのは、1年生の時だった。この時はT男が自分で空けたという。小学生の時に母親が空けたことを伝え聞いていたこともあり、生活指導部での話し合いにおいては、児童相談所編集の『問題行動対応マニュアル』を参考にして、「保護者の了解のもと、衛生的なことに十分配慮し、ピアスの穴を空け、プライベートな時間につけることは認めるが、学校にはつけてこない」ということで一応指導方針がまとまった。

結局、指導の窓口になっていた当時の学級担任とのやり取りの中で、学校にはどのようなものも一切着けてこないという約束のもと、朝ピアスをはずして登校し、夕方帰宅した時には穴がふさがってしまったとのことで、一応の決着を見た。

そのため、指導方針についての継続討議ができずに尻つぼみの感があったが、実際にはこの指導方針に対して、納得がいっていないという職員室全体の空気が感じられていた。

そして、2年生の夏休み。部活動の時にピアスを着けているのを部活顧問であり、また、1年生時の学級担任でもあったH教諭が見つけ、指導したとのことだった。この時、前年の指導方針の内容を伝え、ピアスをはずさせた、とH教諭より聞いていた。

始業式の日に面談をした。私の方から再度、学校の指導方針の確認をし、学校文化についての話などもした。その時のT男の主張はこうだった。

「悪いことをしているわけではないし、誰かに迷惑を掛けているわけでもない。透明のものなら目立つこともない。部活の時のH教諭とのやり取りではずしはしたが、上の方の偉い人がダメと言っているというだけで、なぜ悪いのか分からない。それに、H教諭は、『出場停止になるし、俺が嫌いだからはずせ』と言った。『嫌いだから』というのが納得いかない。」

最後の納得のいかない思いについては共感の意を示し、透明のものを学校に着けてきていいように了解を取る努力をする旨を告げ、正式に決まるまでは着けてこないことを約束して話を終えた。

5日後、職員会議で経過説明したところ、その日に着けてきていて、はずさせた旨の報告があった。それを受けて部活動中にT男を呼び出し、話し合った。以下はこの時のT男の主張である。

「穴がふさがらないように、ピンだけのものをずっと着けていたが見つからなかった。今日は着け替えるのを忘れて、透明のピアスを着けてきてしまった。

あれから自分で考えたことが3つある。一つ目はきちんと話し合って決める。二つ目は一切無視する。三つ目はそんなんだったら学校に来ない。」

私の「二つ目を取ったのか?」との問いに、「はい」と答える。着け替えるのを忘れたとは言っていたが、意識的に試しに着けてきたのかとも考えられた。

私は、学校社会が成り立たない故、二つ目だけは許さない旨を伝えた。しかし、学校にいる間はずしただけでも1年生の時に穴がふさがってしまった経験があるため、透明のものだけは学校でもしていた

いとT男は主張した。それが許されるように翌朝の打ち合わせで提案するが、どう決まっても従うように告げたところ、

「従えるか分かりません。どう決まっても着けてくると思います。」

との返答だった。

翌朝の打ち合わせでは、「ピンだけのものも許さない、翌週の生活指導部会・職員会議で討議するが、それまでは一切着けてこない」ということになった。前日のT男の話をくんで、ピンだけのものを許してもらえるように打診したが、それまでのT男の素行や、規則がなし崩し的に変わっていくことへの懸念から反対意見が多数を占めた。

朝学活の直後、本人に告げ、ピンだけのものを着けていたので、その場ではずさせた。私が「T男がいい加減なことをするから話がうまくいかなくなった！」と強い口調で投げ掛けたところ、「もう面倒臭いからいいです。自分で適当にやるから」とふて腐れた態度で応答してきた。

私もさらに怒りが込み上げてきて、「そういういい加減は許さない。それならもう帰れ、学校に来なくていい！」と怒鳴りつけるように言うと、「はい、帰ります」と帰り支度を始めた。私は、「これもお前の作戦か？」と投げ掛けたが、返事はせずにうつむいたまま教室を出た。

職員室に寄って挨拶するように促し、一緒に行った。教頭から、「これでいいのか？」と私に問われたが、「本人が学校よりもピアスが大事だということですから、仕方ないと思います」と返答をした。

教頭がT男に、「いつまで学校に来ないんだ?」と問うと、「ピアスが許されるまでです!」と投げ捨てるように言い放った。このまま帰していいのかと目で合図されるが、「仕方ないと思います」と返答した。

翌日(木)・翌々日(金)とT男は欠席。母親と連絡を取ると、「ピアスを取って学校へ行ったら」と促すが「とにかく休む」と乗ってこないとのこと。ただし、授業に遅れることを心配しており、「月曜日から登校する」と言っているとのことだった。

他の生徒からT男に対する同情の声が多くあがった。T男の姉を中心とする数名の生徒が直接私のところに、「別にピアスくらい許してあげたっていいじゃん、誰もまねなんかしないし」と言ってきた。

生活指導部会・職員会議で話し合う前に、意見交換会を設定することを打診し、了承を得た。学校よりもピアスの方が大事だとばかりに欠席しているT男の追い風になると思ってのことだった。しかし、逆に担任として指導・相談の表舞台に立ってはいるが、板挟みになって苦しい状況でもあったので、教師集団の意見を生徒に聴いてもらう機会にもなるという考えも頭にはよぎっていた。

月曜日の1校時、道徳の時間に行うことになり、T男に必ず出席し、自分で考えを述べるように電話で伝えた。登校する約束をして、ホッとしているように感じた。

意見交換会では、全生徒がT男が目立たないピアスをしてくることには、特に問題無しという意見を述べた。「授業に支障はないし、状況によりはずせばいい。誰もまねはしない」とのことだった。

それに対して、教師の側は、前年の指導方針を決定する際には中心を担い、積極的に「認めてもいいのではないか」と見解を述べていた教師までもが、本来はそうあるべきではないとばかりに反対の意見を述べ、結局認めてもいいのではないかという立場は私だけとなってしまった。

教師のほとんどが、学校の内外を問わず、ピアスそのものを許さない・許せないという見解だった。


「ピアスとかにつけ込んで言い寄ってくる」

「今まで認めていない。自己表現はやる必要がない」

「生物学的に反対。異物を体に入れるのはよくない」

「学校集団のルールが大切。地域のことも考えて」

「学校はものを考える場。学ぶのは内面・心」

「親から命をもらって感謝。自分で稼ぐまでは我慢」

「自分の子どもだったら悲しい」


などだった。


最後に、T男に自分の考えを述べるように促したが、

「もう十分話してきたので、言うことはありません」と発言するにとどまった。


この後、T男と面談をした。意見交換会の話を受けてどう思ったのかを聞いたところ、

「特に、今までと気持ちは変わっていません」とのことだった。それぞれの教師の話については、「言っ

ていることを間違っているとは思いませんが、自分の気持ちが変わるほどのことではありません」という返答だった。

二日後の職員会議でもう一度話し合うことになっており、その決定を待つこと、そして、できる限り穴がふさがらないように透明のピアスだけは許してもらえるように努力する旨を告げた。さらに、どのような決定が下されようとも、T男が考えた3つの対応のうち、二つ目の「無視する」は絶対に許さないということも伝えた。

同時に、ピアスが許されているような学校を例に挙げて話したり、私が中学生の頃は非行の走りとして許されていなかった、例えばエレキギターなども、数年の後には全く問題なく学校で演奏できるようになったことなどの話をし、ピアスについては今の段階では時期尚早であるのではないかという感触についても付け加えた。

話の内容には納得して聞いているようだった。しかし、ここまで来たら引くに引けないといった感じが強く窺われた。特に部活顧問のH教諭とのやり取りにおける理不尽さというものに対する不満を口にし、「単にピアスの『問題』だけなのだろうか⁉」という思いもよぎった。

この日、家庭訪問し、母親と面談をした。

家へ行くと、当初、大変恐縮した様子で、「本当にあのバカ息子は、『ピアスを取って、学校に行け』って言うんですけど、全然聞かなくて」と切り出された。

私の方からは、今のT男にとっては一番大切なものであることと、小学生の時に初めてピアスの穴を空けたのは、お母さんだったわけで、そうした母親の価値観を完全否定されることへの抵抗は、当然の心の動きであり、むしろ、大切なのではないかという旨のことを話した。そうしたところ、母親は、最初に切り出した時は学校に歩調を合わせるために無理をしているかのように、元気に大きな声を張り上げて話されたが、私の話を受けてご自身の考えを素直に述べて良いということが伝わったからか、落ち着いた口調へと変わり、少なくとも学校主導からT男や家庭の立ち位置へと戻って話されるようになった。

ずぼらな性格のT男が、毎日丁寧に薬を塗って手入れをしたり、朝、学校へ行く前には芯だけのものに着け替えて、帰宅するとまたピアスを着けて、と面倒臭がらずにせっせと一生懸命やっていて、本当に感心するくらい大事にしているということだった。

また、ピアスの価値観については、ずっと以前に長期インドに滞在したことがあったが、そこでは、現金を持っていることは危険であり、貴金属に替えて身につけていることが一番安心なため、みんな耳の周りに十数個もの穴を開けてピアスをしている。それが財産管理の最も安全な方法なんだということだった。

父親が骨董商を営んでおり、世界を駆け回っていることもあって、異文化感覚にあふれているように感じられた。

これまでの経緯を踏まえて、できる限り許してもらえるように職員会議に臨む旨を伝えたところ、快諾していただき、家庭訪問を終えた。

翌々日の職員会議では、まず、家庭訪問した時の話をし、保護者の意向も踏まえて、「学校にはピアスを着けてこない。穴がふさがらないようにするための芯だけのものは許す」ということではどうか、という提案をした。保護者の意向ということはかなり効いたようで、その方向で話が進んだ。そして、穴がふさがらないように安定するのにはどれくらいかかるのかという議論になり、養護教諭の3カ月ほどで安定し、その後はふさがらなくなるとの見解により、3カ月間は芯だけのものを着けてくることは許すが、それ以降は許さないということで合意した。そして、そうしたことが守られなかった場合には、即座に全て無しということが付け加えられた。

その日のうちにT男に伝えた。諸手を挙げて喜んだという印象はないが、一応、ホッとしたといった空気が流れたように感じられた。むしろ「え、それでいいんですか……?」といったキョトンとした表情をしたようにも思われた。ホッとしたのは、私だったのかもしれない。


この事例を記録した時には書き入れていないが、始業式の日には、校長室において、校長・教頭とともに3人で、その後の指導の展望について協議をしている。その席においては、前年に指導方針を決定した時には合意していたのだが、この段になって、ピアスを認めるべきではないだろうとの見解が、校長・教頭より述べられた。

その主旨としては、やはり管理職としての対外的なメンツといったことが強く感じられ、「ピアスなどというものを許している学校の危機管理体制が問われる」というニュアンスのことが中心にあった。

確かに、他生徒の意見にあった「誰もまねはしない」は、一般的なものとは考えにくく、極小規模校ならではと言えるのだろう。マンモス校において、次々にそれが波及していき、かなりの数の生徒がピアスをするようになるだろうことは予測がつく。

とした時に、ピアスが特例ではなく、どの学校においても認められるかどうかという論議は必要だろうが、その点では、意見交換会におけるそれぞれの教師の見解から分かる通り、時期尚早であるというのが現状であるように思われる。

第8章で詳述する「土曜会（臨床教育研究会）」で発表した時にも、そこに出席していた公立中学校の教師が、「ピアス、そんなものうちの学校だったら、端っからチョン（却下）だよ。職員会議の議題にすらのぼるわけがない」と話されていたが、おそらくほとんどの公立中学校ではそうだろう。

この校長・教頭との話し合いの席では、結局、前年の指導方針を決定した際に参考にした児童相談所編集の資料のことや、「宗教上の」といった理由で許されている特例などの話をし、それに加えて、T男とその母親にとってピアスというものがどういうものであるのかを考えていきたい旨を申し伝え、「認めない」という見解を取り下げてもらったという経緯があった。

土曜会では、次のような疑問も投げ掛けられた。

「最後に職員会議で、概ね私の提案が受け入れられたのが『保護者の意向ということはかなり効いたようで』とあるが、本当にそうなのだろうか？」と問われたのだった。

もちろん、他生徒たちの援護とも言える意見発表や、本人のそれまでの主張などが受け入れられたという諸相は見逃すことはできないだろう。

しかし、校長室での三者による話し合いや職員会議や毎朝の打ち合わせでの討議は元より、職員室における日常会話などからも、「生徒は教師の言う通りにしていればいいんだ！」という強い姿勢が色濃く出た空気がありありと伝わってきていた。反対に、保護者の意向には柔軟に対応し得る、そうした雰囲気は何となく感じられており、何かにつけて保護者が学校に怒鳴り込んできたり、教育委員会に直接訴えたりされるケースが少なくなく、そうした保護者の発信に対する現場の教師の弱い立場を露呈しているかのように感じられもした。

そして、それを感じていたからこそ、私の作戦として、「保護者の意向」を実際の母親の話を誇張して発信し、それを盾にとって討論を繰り広げようという思惑が、少なからずあったことも また間違いがないように思われるのだった。

学校における文化の創造・変容に関わる子どもの価値観の影響力のなさは、なかなか教員以外の人には伝わりにくいのだろうか。少なくともピアスという文化は、ミニスカートやルーズソックスといった服装の域を超え、しかも身体に傷を付けるという行為が伴うため、いわば相当時代の進んだ、あるいは、異文化の装飾品である。そうしたものを学校文化に取り入れたいという子どもの言葉は、まずほとんど教師には届かないと言って良いだろう。前述の「端からチョン（却下）だよ」という中学校教師の言葉からも十分に推察される。そのことをT男自身もある程度理解できているようで、それゆえに、「自分で適当にやるから」という言葉を発していたと考えられる。そこを打開する突破口としての母親の役割が大きかったというのが私の見立てだった。

以上のように『修士論文』で論じてから15年が経った。令和2年現在、ピアスが許されている公立中学校は皆無と言って良いだろう。そして、そうした状況に何ら不満もないし、むしろ、当然のこととは思われる。大規模・中規模の中学校も経験し、私の身に刻み込まれた何かがそう思わせるのだろう。現任校の2年生女子で、ピアスの穴を開け、ふさぐことを拒んでいた生徒がいるのだが、果たして、この事例が生かされる余地はあるだろうか……。

「端からチョン（却下）だよ」の学校文化は強固に息づいており、私もどっぷりと浸かっている。

＊「仁王立ち」が切り開く語りの［場］――『教育哲学会発表論文』より

山間部の極小規模校での体育では、球技などの単元の時には、他教科の先生方に参加してもらって活動している。この年、全校生徒8人だったために、ほぼ全員の先生方の協力をあおいで、ソフトボールに取り組むこととなった。

この日は単元の2時間目。ゲームの最中に、セカンドを守っていた2年生のN子が、視線はしっかりとバッテリーの方へと向けてはいたが、腕をぐっと組み、足をしっかりと大地に踏ん張って、まさに仁王立ちしていた。守備においては構えることを大切にしてはいた（「球技では、技術が伴わなくとも『構え』と『声』だけは誰でもできる。それができると技術も伴ってくる」と指導していた）が、キャッチャーをしていた私は、その姿勢に気づき、一瞬、「注意しなければならないか」という思いが頭を過ぎったものの、「いい加減」とか「集中していない」とかいうことではなく、何かを主張しているかのように感じ取られたからだろうか、そのままにしておくことにした。

もちろん、その場で注意するということや、近づいて行って「何が言いたいんだ?」と問いただすこともあり得ただろう。しかし、私がそちらへ視線をやり、気づいていることはN子にも分かっているように感じられたが、とっさのことではあったが、沈黙をもって応えるというあり様を選択したのである。

そうしたところ、授業が終わり、校舎へと向かって並んで歩いていた体育科教諭でもある教頭から、「なぜ、注意をしなかったのか？　ああいう態度を取っていたら、普通注意をしてやらせるだろう！」と指導を受けてしまった。

また、職員室に戻ると、学級担任の教師からも、「N子は注意してやらせれば、ちゃんとやる子だから、注意してやらせてください！」と批判と受け取れるお願いをされた。

そうした二人の先生からの指摘があったにもかかわらず、あの場で注意をしてやらせなかったことが間違いだったとは到底思えなかった。

当時、私はこうした場面場面にことごとく注意・指導する〔学校〕教育のあり様を「蝿叩き」と呼んでいた。まさに〔管理主義〕の流れをくむものとして、嫌悪感を抱いていた。いわゆる「問題行動」に対して、「待つ」、「気づかせる」、「黙認する」などという選択肢は考えられない教育観であり、そうしたあり様に対する嫌悪感が、二律背反と言える逆の方向へと強く振れ、「支援・援助」という子ども中心的な甘い言葉に惹かれ、次章に出てくる「カウンセリング好き」に陥っていたと言えるのかもしれない。そして、そうした反〔管理主義〕的な姿勢を正当化しようとしていた時期でもあった。

3年間の大学院在学期間を経て執筆した『修士論文』においては、その場で注意・指導しなかったことに対して、一切迷いはなく、正しい判断をしたと結論づけている。教育学系の臨床教育学ゼミでこの事例を発表した際も、「間違ったことはしていない」、むしろ、「当然のこと」という反応が大半を占めていた。

また、京都大学で開催された「教育懇談会」の席では、その日のテキストが徳永正直著『教育的タクト論』（ナカニシヤ出版　2004年）であり、そうした場で発表したこともあって、この場面で「タクトが働いた」と評価された。

一方で、心理学系の臨床教育学ゼミにおいては、皆藤章先生から「『なぜ指導しないのか』と言った先生たちは、『教育』のことをよくわかっているのだな」と諭されるように指摘を受けた。「『教育』の自明性」を示唆された場面だったが、腑に落ちた感じはなかった。

その後、さまざまな経験を経る中で、「『教育』のことをよくわかっている」というこの言葉が、私の中で増幅してきているのも確かだ。

ところで、教育哲学会という場における発表ゆえ、日頃は発信できないような〈神〉に関する思索を提示してみた。

「『教育懇談会』の席において、和田修二先生は、『この時、迷ったのではないか？』と問い、『数秒間、迷ったと思う』という返答に対し、『迷った時には、〈神〉との対話が大事』と説かれた。この言葉は、私の身体に刻まれ、常に問い続けられてきた。

ここでいう〈神〉は、キリスト教のような一神教の〈神〉ではなく、むしろマルティン・ブーバーが『我と汝・対話』（植田重雄訳　岩波文庫　１９７９年）において語った『永遠の汝』のイメージを強く持つが、〈神〉をどのように位置づけるのか、公立学校という公教育の現場において、どのように語ることができるのか、――同時に、〈神〉と対話する主体としての『教師のあり様』とは、どうあるべきなのか、――その時をして『無心』と言えるのか、――だとした時に、教師のエゴは、働かせてはいけないものなのか、あるいは、エゴは破滅への道なのか、――今後の課題とし、置かれた現実のただ中にあって、哲学していきたい。」

ホッと一息　旬を食らう

秋の気配も深まり、朝夕の寒さは身に堪《こた》えるようになってきました。けれども寒いということでいいこともあります。やはり秋冬の魚は脂がのって美味しく、食文化としてのこの季節は、何とも言えない味わいをもたらしてくれます。

秋と言えばサンマですが、皆さんはどんな食べ方をされるのでしょうか？

私は、たっぷりの大根おろしと一緒に、内臓ごと食らうのが好きで、身・皮の旨味と内臓の苦み、それに醤油の酷との絶妙なバランスは、本当に堪《こた》えられません。

この寒さは堪えるのに、サンマの美味しさには堪えられないという、秋冬の善し悪し両面は、考えてみると、寒く冷たい水のために脂を身にまとおうとするサンマと、夏の暑さから解放され、秋の過ごしやすい気候の中、冬の寒さに備えて栄養を蓄えようとする人の身体《からだ》に染み入る美味しさと、四季の移ろいの中で繰り広げられる日本の食文化の豊かさを感じさせてくれます。

「サンマで何をそんな大層《おおげさ》なことを……」と言われてしまいそうですが、天の恵みに感謝しながら、ビール片手に、今夜もおいしくいただきたいと思っています。

第8章

京都大学の臨床教育学と出会って

——入り口は河合隼雄先生だったが……

＊「カウンセリングマインド万能論」を広めた張本人

高校3年生の秋、大学模試の公開テストを受けた時のこと。国語で出題されたおそらく1000字に満たないだろう文章に惹きつけられた。問題を解きながらもその内容が胸に突き刺さっている感じがあった。出典を見ると、河合隼雄著『無意識の構造』（中公新書　1977年）とあった。

模試の帰りに本屋に立ち寄り、すぐに購入した。その日からむさぼるように読み込み、あっという間に読み終えた。内容は簡単ではなかったが、こんな世界があるのかと、ますます心理学に引き込まれた。すでに進路を決め、進学先も決めていた段階だったため、その方向に進むことはなかったが、その後も河合隼雄先生の、こと教育に関わる著書は必ず目を通していた。

教員になって8年目、『臨床教育学入門』（岩波書店　1995年）が発刊され、その中に、次のように書かれていた。

「これから子どもの数が少なくなってくる。この機会に各教育委員会は、先生の研修をもっと増加させるように努力すべきである。京都市の教育委員会からは、毎年二名の現職教師が、私が勤めていた京都大学教育学部の臨床心理学教室に一年間研修に来られた。」（168ページ）

この著書自体がそれこそバイブルになっていたが、この機にと、研修を受けられる可能性を探り、京都大学に電話を入れてみた。すると、河合隼雄先生は退官しておられたが、その後任として大学院教育学研究科臨床教育学専攻（現職教員等を対象としている）第二種を受け持っておられる皇紀夫先生を紹介された。皇先生に電話をすると、「まぁ、一度来てみなさい」とご快諾いただいた。

初めて京都に赴き、ご厚意でゼミに参加させていただいたおり、河合隼雄先生に傾倒していることが伝わると、「『カウンセリングマインド万能論』を広めた張本人」というような厳しい指摘が言い放たれた。その場では呆気にとられる気持ちになったが、その後、じっくりと考えてみると、おっしゃりたいことは何となく理解できるようでもあった。

その当時、不登校が問題化しており、その対応として、「登校刺激を与えない」というスローガンが主流となりつつあった。その根底に「カウンセリングマインドを用いた教育相談を行ってさえいれば、子どもは良くなる」という幻想がちらついていたことも確かなように思われる。

しかし、1992年に出された『子どもと学校』（岩波新書）において、河合隼雄先生は次のように述べられている

「『登校刺激を与えるべきか、否か』などと一般的な議論をしても始まらない。無理に行け行りと言ってもあまり意味がないが、言った方がいい場合もある。考えてみると、人間一人一人異な

るし、それを取り巻く環境も異なるのだから、画一的な方法があるはずがない、とも言えるのである。」（136ページ）

そして、「カウンセリングマインド万能論」が広がりつつあった3年後、『臨床教育学入門』では、それを学校現場で実践の基盤にしようとする教員を「カウンセリング好き」と称して厳しく戒めている。

「『カウンセリング好き』と称せられる人たちの独善的な傾向によって現場の人たちが悩まされることがあったと思う。このような危険を防止してゆくためには、自分自身が積極的に主観的に関わっていった現象を、どこかの地点で客観化したり、そこから得られた知見を体系化して、他に示して批判をあおぐことなどをしなくてはならない。このような意図を持って、臨床教育学という発想が浮かびあがってきた。」（10ページ）

「カウンセリングマインド」を広めはしたが、「万能論」については発信するどころか、それに対する警戒心は人一倍強かったと言える。

では、なぜそのような考えを志向する教師が現れ、広まっていったのだろうか？

さまざまな仮説が立てられるだろうが、その一つとして、拙著『公立中学校における教育相談推進を妨げてきた要因の考察』（京都大学大学院入試論文　２００２年）において論じた「どうしても指導をしたがる『子どもをパフォーマンスの道具にしている』教員」の存在があげられるだろう。そうした教員への抑止力を働かせるために「カウンセリングマインド」を絶対的なものに仕立て上げようとする指向性が生まれても致し方なかった、と言えるのかもしれない。

いずれにせよ、こうした（二律背反的）両極端の指向性という構図は、学校現場において避けて通ることのできないところではある。

この構図については、最終章（第13章）で詳しく論じることにする。

✽ ひたすら英語に取り組む日々――「分かる授業」と「分からない授業」

年に3～4回、京都の皇先生のもとへ通いながら、いよいよもって京都大学大学院で「臨床教育学」を学びたいという意志は強まっていった。

ところが、英語が大の苦手。しかも皇先生曰く、「日本一難しい英語」とのこと。

3回入試に落ちたところで、中学生と机を並べて学習塾に通ってみた。英単語のテストが毎週あり、100単語を必死で覚えた。必死で覚えただけあって、毎回満点か、せいぜい1～2問間違えるくらいだった。

ところが、1週間が経って、次の100単語を覚えた頃には、前週覚えた100単語のうち4分の1から3分の1は忘れてしまっている、というような感覚だった。30歳代半ばにしてこれほど記憶の定着力が落ちるのだなと、あらためて感じられていた。

そんなこんなで4回目の試験にも落ちた。そうそう何年も落ち続けるわけにはいかないと、今度は家庭教師を頼むことにした。

家庭教師センターで最初に紹介されたのは、C大学大学院法学研究科の博士課程の方だった。明るく元気な感じで、第一印象はとても良かった。ところが、「ノートの左ページに過去問を貼って、右ページの上側に分からない単語を書き出し、意味を調べて書いて。その下側に和訳を書くように」と型にはまった感じ。

それだけならまだ良かったが、いざ授業となると、何を言っているのか意味が分からず、全く頭に入ってこない。「日本一難しい英語」は確かなようだったが、それにしても勉強にならない。

人の良さそうな方だったので申しわけないとは思ったが、こちらも切羽詰まっていたので、センターに依頼して、別の家庭教師に替えてもらうことにした。

そして来られたのが、H大学大学院社会学研究科の博士課程の方だった。とても謙虚な方で、過去問を読むなり、「専門用語など、私には分かりづらいところもあって、教育的なことについては、小林さんの方が分かると思うので、一緒に解いていきましょう」とのことだった。不思議と頼りないなどとは思わず、むしろとても好感がもてたことを覚えている。英語の教育専門書を探してきてくれて、それにも一緒に取り組んだ。

そうして1年弱の格闘の末、英語の力は確実についていると感じられはしたものの、残念ながら5回目の試験にも落ちてしまった。

いよいよここまでかと思った矢先、新年度4月に入ってから、定員割れのため若干名の募集で追試を行う、との知らせを受けた。

最後の挑戦とばかりに受験すると、6回目にして奇跡的に合格した。

苦手の英語はというと、その長文読解の「教育愛」に関する文章を日本文で読んだことがあったかのようにすらすらと解け、まさに「教育的なことについては、小林さんの方が分かると思うので」の勉強法が生かされたと痛切に感じられた入試合格だった。

それにしても、学校で行われている授業でも、先の家庭教師のような型ばかりで分からない授業と、後の家庭教師のような分かる授業、身に成る授業というのがあるのだろうと、あらためて考えさせられたエピソードでもあった。

そして、身体に刻み込まれたこの体験は、学校現場における実践に生かされていることは言うまでもないが、同時に、分からない授業に直面している生徒たちに、どう対処していったらいいのか、どう授業改善していったらいいのか、生涯に亘って探求していくべき課題ともなるのだろう。

他方、この問題をタブー視している教師は少なからずいるように思われる。それも分からないのを、うまくいかないのを、ダメなのを、全て子どものせいにして……。

無論、子どもたちに先生を替える力などはない。

＊皇紀夫臨床教育学における「教師再教育」――「全て否定してあげますよ！」

京都大学大学院教育学研究科臨床教育学専攻二種（臨床教育学系）の院生となり、皇紀夫先生が正式に指導教官となった。臨床教育学講座の二種は、現職教員が学校に所属し、教育現場を離れることなく（2年間休職しての在学は特例）、教育研究に携わることをねらいとして開設されていた。そのため、特別に土曜日にゼミが開設されており、院生（一種・二種）、学部生、あるいは、滋賀県より派遣されてきた研修の教員などさまざまな顔ぶれが集い、テキスト解釈や事例検討など多種多様な研究が活発に行われていた。

その後、その流れをくんだ臨床教育研究会が学外で「土曜会」と称し、年間に5～6回、令和2年現在も継続して開催されており（令和2年度は、コロナ渦のために休止）、それは皇先生の言う「教育相談」の場として、有効に機能してきた。田中孝彦・小林剛・皇紀夫編『臨床教育学序説』（柏書房　2002年）の「教育『問題の所在』を求めて――京都大学の構想」において次のように述べられている。

「教育相談は先の『語りの筋を発見する』場面であると同時に来談する教師の再教育の機会とし

ても位置づけられたのである。」（22ページ）

そうして皇先生始め、多くの教育関係者の方々に鍛えられ、「教師再教育」を受け、「問題の所在」を語り出すために、この書の執筆に至っているのである。

皇先生の教えは、そう容易いものではなかった。

土曜会で、体育の器械運動（鉄棒）に関する事例研究を発表した時には、厳しい言葉が次々と飛び、最後には、「全て否定してあげますよ！」と言われた。

この時にメルロ＝ポンティ（1908～1961年）の身体論に関心があると伝えると、「メルロ＝ポンティの研究者になったところで、どうせ四流か五流の研究者にしかなれませんよ！」と言われた。

後になって、そうおっしゃられた意味が十分に理解できるようになり、心から感謝しているのではあるが、果たして、本書『教育現場の光と闇　～学校も所詮〔白い巨塔〕～』で、その期待に応えられるだろうか……。

語りの筋は間違っていないと信じたい。

＊ 身体を通して体験することの意味——稽古に、レッスンに……

大学院在籍中の私は、教師としてのあり様、また、子どもの身体教育のあり様としてのオルターナティブを模索した。

清水博著『生命知としての場の論理』（中央公論社　１９９６年）に感化され、柳生新陰流関西柳生会に入門した。「〈真の自然体〉とは何か?」という問いと向き合うこととなった。〈真の自然体〉といわれる「無形の位」は、これでもかというほどグッと腰を入れ、「乳幼児が、初めて立った時のような姿勢」を意識して作るのである。最初は腰痛持ちの私にはかなりきつかったが、慣れてくると確かに肚《はら》の働きが感じられるようになった。実のところ、居合い帯がうまく巻けた時と、しっくりいかなかった時とでは、肚の働きが違うと感じられたのであるが、それは私だけだろうか。

時を同じくして、鈴木晶子先生の教育学ゼミでは、柳生宗矩著『兵法家伝書』（岩波文庫　２００３年）をテキストに「技」の探求がなされており、平成22年の日本教育哲学会で発表した「技と術」の研究を深める契機となったのだが、第10章で触れてみたい。

さらに体育教師としての私が惹かれたのが、竹内敏晴著『ことばとからだの戦後史』（ちくま学芸文庫　１９９７年）だった。第４章において少し触れたが、何十人・何百人もの生徒が「体育座り」をして、こちらに視線を向けている姿、場に気持ち悪さを感じることのある私にとって、「体育座り」を批判する竹内先生の身体論に共感したからだ。

竹内先生の主催する「ことばとからだのレッスン」に参加し、（間）身体性について体感・思慮する機会を得た。二人組で行う「からだほぐし」では、人の体を肉（体）、物体として扱うことと、人の身体としてほぐしを行うこととの違いに、体育教師として、身体理解とほぐしの技の必要性を考える機会ともなった。

これら大学院時代の体験は、教育や身体についての、それまでの現場における見方をゆさぶり、変革を迫る貴重な学習となり、教師生活の一つの節目になった。

学校現場に戻ると、「体育座り」は、その必要性についても理解が進むこととなった。多人数の生徒が、ただただ傾聴するための姿勢としては有効であり、生徒自身もそういうものとして理解しているようだった。

対極にあるものを知ることによって、その両義的な意味合いがより色濃く見えるようにもなることをあらためて痛感することになった。

ホッと一息　秋深し

実りの秋、美味しいものが多くて困ってしまいます。寒い冬に向けて、体に栄養を蓄えようとするのが人間でもあります。

ところで、栗のことを英語で何というでしょうか？

「マロン（ｍａｒｒｏｎ）」という返答が多く聞こえてきたように思います。が、残念ながら違います。「チェストナット（ｃｈｅｓｔｎｕｔ）」が正解です。英語だと思っている「マロン」は、実はフランス語で、かつてマロニエの実でマロングラッセを作っていたのが栗に変わり、「栗色の」という意味で使われるようになったのだそうです。知らず知らずのうちにフランス語も使っていたのですね。

フランス語と言えば、２０２０年東京オリンピックの開催地誘致で、滝川クリステルさんがプレゼンを行ったことで話題が沸騰しました。その時のキーワードが「おもてなし」でした。

日本的な「おもてなし」は、やはり伝統文化であり、古来の「清き明き心」や仏教的な禅のこころとも結びついているように思われてなりません。

ほかにも「もったいない」という、外国語には訳せない、日本語にしかない言葉もあります。これも「神仏に対して不届きである」から派生しているようです。

暮らしが欧米化していく中で、何かとても大事なものを失ってきているように感じられます。これからの日本を背負って立つみなさんは、どのように考えますか？

第9章

全島避難からの帰島に立ち会って

——M中学校での迷走

✻ 徹底した〔管理主義〕への抵抗感――教育相談の充実を図るが……

大学院生活を終え、2年間の休職の後に学校現場へ戻るのに際し、特殊な島に赴任することを自ら希望した。その特殊性については大きなニュースとなって耳にも入っていた。

島の火山が噴火し、全島避難を余儀なくされ、4年5カ月経って帰島することになり、それに伴い開校する学校だった。まだまだ火山ガスの噴出は続いており、「ガスマスク携帯義務」という戦時下でもあるかのような状況だった。

生徒たちからは、「火山岩が降ってきて、道路に穴が空くような中を、命からがら避難した」などという恐ろしい話が聞かれ、4年5カ月という時間によって、だいぶ沈静化したのだなぁ、という思いは持つことができた。

それでも、朝目覚めると部屋中に硫黄の臭いが充満していて、目がぐしゃぐしゃで涙が止まらない、というようなこともあったり、過酷な生活環境であることは否めなかった。

元々は3つの地域にそれぞれ1校ずつ中学校があったのだが、それが統合され、一つの中学校となっていた。地域間の確執という問題よりは、やはり避難先、多地域のさまざまな文化に触れて戻ってきた、それに伴う価値観の違いが大きいように思われた。

元々は超〔管理主義〕的な学校運営がなされていた島でもあり、本土の空気を吸って戻ってきた子どもたちには、窮屈に感じられているように思われた。しかも火山ガス発生の警報が鳴ると、屋外は当然のことながら、密閉されていない体育館での活動も禁止されていた。そのストレスやいかばかりだったろうか。

そんな中、かつての学校文化を取り戻すべく〔管理主義〕を強化する指向は強かった。

細かいことでは、女子生徒のスカート丈が短かったり、上履きのかかとを踏みつけていたり、そうしたことへの注意・指導はその都度行われ、生活指導の教員のみに任せるのではなく、全教職員をあげて行おう、との体制が謳われていた。

一人の生徒がかかとを踏みつけて階段を上がっていくのを見つけると、階段の下にいる複数の教員が、「かかとを踏むな！」、「上履きをちゃんと履きなさい！」と一斉攻撃を仕掛ける。そんな具合で、まさに「蝿叩き」状態だった。

どうにも生理的に受け付けられなくなっていた私は、その輪に加わることができずに、批判される言葉を耳にしたこともあった。しかし、そんな〔管理主義〕への抵抗感を深めていく生徒たちに寄り添う姿勢は崩さなかった。

学年所属は1年生で、副担任を務めていた。やんちゃなM男は、私の「カウンセリング好き」的な姿勢を感じ取ったからか、信頼を寄せてくれていた。しかし、2年目になり、少しずつ〔管理主義〕との距離感を近づけていった私に、「前はすごく良かったのに」と親御さんに愚痴をこぼしていると聞き、どうしたものかと悩んだりもした。

いずれにせよ「カウンセリング好き」は拙いが、さまざまな境遇にあり、心のケアが必要な生徒たちにカウンセリングマインドを持って接することの大切さを発信し続けていった。大学の保健体育科の先輩でもあった指導主事が、その発信に理解を示してくださったことで、かなり救われた。

ところで、2年目に、民間校長で話題になった杉並区の中学校の教員が異動で赴任して来られた。面白かったのが、「『かかとを踏むな』の指導は全く教育効果がない」という研究結果が出ていると、「蝿叩き」を続ける教員集団に異議申し立てをしたのだった。そういえば、話題の学校ゆえ、テレビでもよく取り上げられていたのだが、足下を映した映像には、かかとを踏みつぶしている生徒が映し出されていたのを思い出した。

果たして、「かかと踏みつけ」への指導は、どうあるべきなのだろうか？　そのままにしておいていいとは思われないだけに、悩ましいところだ。

ちなみに、次の移動先のS中学校で、上履きのかかとが気になり、踏んでいる生徒など一人もいないのに、「どうしても上履きのかかとに目がいってしまう」という職業病に、しばらく悩まされたのだった。

＊合唱祭での一コマ――「一体感」って何？

全校生徒40人あまりだったが、なかなかまとまりがつかない。さまざまな学校で経験を積まれてきた先生方からは、みんなで心を一つにするための手立て、方策が提示された。体育祭ではムカデ競走にダンスパフォーマンス、文化祭では全校合唱。

松田聖子の『瑠璃色の地球』が選曲された。体育館での練習には全員の先生が顔を揃え、何とも言えない緊迫感が漂っている。さすがに最初からは声が出ない。中学生にはありがちだが、やはり男子のほとんどは、口が開いていない。

英語科ではあったが、指導慣れした女性の先生の声が飛ぶ。「もっと口を開けて」、「フラフラしない！」と、矢継ぎ早に体育館に響く。

私はどうにもこうした空気が苦手だ。自分が中学生の頃を考えても、ますますやる気を失うのではないかと気が気ではない。

それでも練習が進むにつれ、声量が増してきて、きれいなハーモニーが響くようになっていった。そこはさすがだなぁと思えた。文化祭当日には、先生や、聴きに来た保護者、地域の方々が満足できるくらいの立派な合唱に仕上がっていた。

後日行われた生徒向けのアンケートに、「一体感を得られたのはどこでしたか？」という質問があった。

「伴奏のピアノが鳴り始めた時」

「歌い出した時」

「歌い終わって後奏を聴いている時」

「合唱が終わって拍手されている時」

などが挙げられた。その中で一番多かったのは、「歌い出した時」だった。

ところが、半数近くの生徒が、「一体感を得られた時はなかった」と答えていた。

確かに、今ひとつ乗らない感じで、やはりほとんど口が開いていない生徒がいたようには見受けられたが、それにしても半数の生徒が、一体感を得られなかったというのだ。

また、「一体感」を得られた場面が人によって違っているというところが面白い。一人の生徒が、「全校生徒が一体になったのは、この時だ……」と言っているのに、他の一人は、「いやいやそこじゃないでしょ、この時だよ……」と言っているようなもので、さらには、「全校生徒が一体になった場面なんかないでしょ！」と、半数の生徒が言っているわけだ。

果たして、「一体感」って何なんだろうか？

＊島社会におけるいじめをめぐって

赴任して2年目のことである。「いじめはどこにおいても起こりうる」と言われるが、ご多分に漏れず、M中学校でも起きてしまう。I子が1年生に入学してきて間もない頃からその傾向が見られたように感じていた。小柄であまり社交的ではなく、か細い感じのする、いじめの対象になりやすいような生徒という印象はあった。

母親が家庭での本人の訴えを聞き、連日のようにいじめ解消を依頼する電話が掛かってきた。やや広めの職員室に校長の席もあり、その両隣に二人の副校長が座っていた。

電話の内容は筒抜けで、その後、副校長と対策を練る話し声も十分に聞き取れていた。

当初は、いじめの防止対策を図る手立ての会話が中心だったが、なかなか解消へとは向かわない。それでも連日のように電話が入るので、嫌気がさしてきてしまったのだろう、母親への批判的な言葉ばかりが聞かれるようになっていった。

こうしたケースでは「いじめなんて、そうそう簡単に解消するものではない」「いじめられている本人自身にも問題はある」など、語りがずらされていくことはよくあることで、陰湿化し、見えにくくなっていくいじめへの対応以上にやっかいな問題となる。

学校の電話対応において、「いかに短く切るか」という言葉が飛び交うようになり、あからさまに面倒くさいという様子が窺えるようになった。それが母親にも感じ取られたのだろう、今度は学校の対応の拙さを教育委員会に訴えた。

島の重鎮でもある教育長が自ら対応に乗り出したようだったが、それは母親の電話攻勢を鎮圧するような働きかけと思われるような内容だった。こちらも連日作戦会議が電話でやり取りされていたが、なかなか手に取るように伝わるとまではいかなかった。

その作戦のかいがあってか、母親の電話攻勢はほとんどなくなり、また、教育委員会によっても抑え込まれたのか、一時期は静かになった。しかし、収まりがつかない様子で、保護者会の席で「うちの子がいじめられています。何とかしてください！」と訴える一幕もあった。そうしたことを繰り返しながら、無力感に苛まれただろう母親が沈鬱な表情でいるのがいたたまれなくなっていた。

私はというと、校長と確執があり、むしろ管理職批判をする立ち位置にあったが、なかなか伝わらない。所属担当の学年も違っていたため、実際にどうするべきという対案を示せるほどの情報量があるわけでもない。私もどうしたものかと無力感に苛まれていたと言えるかもしれない。

校長との確執というのは、職員会議において「間違っている！」と、私が怒鳴りつけたことに端を発するのだが、離島するまで続いていた。そうしたことが要因にあると思われるが、業績評価において、「学校運営」にCの評価が下されていた。そのために、批判されるべき「いじめ対応の拙さ」への提言の正しさを主張し、『教育職員　評価結果に係る苦情相談制度』により苦情の申出を行った。

苦情の申出に際して、もう一点、体育授業の参観を一度もしていない、体育館にもグランドにもプールにも、一度も姿を見せていないにもかかわらず、「学習指導」の評価をつけているという、そもそも業績評価をする資格すらないであろう、という申出も付け加えた。「教育職員の評価制度」そのものへの問題提議をしたのだ。

教育委員会担当者との面接のために、赴任先からわざわざ島を訪れたのだが、村役場の車で送迎され、教育委員会に着くや否や、まずは教育長室に通された。そして、ソファーで対面して座るなり、「おい、こんなもの取り下げろや！」と、ドスの利いた声で脅迫された。体育科の大先輩でもある教育長にである。母親対策で校長と意気投合し、その攻勢に対する戦友気分が生まれても致し方ないとは思われるが、こうした正式な制度に則っての苦情の申出であるにもかかわらず、取り下げを脅迫してきたのには閉口してしまった。

無論、そんな脅しに乗るわけにはいかず、担当者である指導課長との面接を終え、島を後にした。後日、指導課長から、「校長に指導を入れた」という通知が届いた。

特殊な島社会の特異な事例ではあるが、やはりこれも〔白い巨塔〕の一端と言える。

ホッと一息　晩秋の候

あっという間に一年が過ぎ、今年も師走を迎えようとしています。師走の語源・由来には諸説あるようですが、よく言われるのが、「『師馳せ月』で、お坊さん（法師・導師）がお経をあげるため、あちこちの家々を忙しく走りまわった月だから」という説です。

また、「年末で日頃落ちついている学校の先生も忙しくて走り回る月だから」という説もあるようです。こうした説の師走は、3年生の学級担任でもなければあまり感じられないかも知れません。じっくりと腰を据えて新年を迎える準備をしたいと思っています。

ところで、「師」で一番に思い浮かべられる一人に、『論語』で有名な孔子があげられるのではないかと思います。

「子《し》（師）曰《いわ》く、『学びて思わざれば則《すなわ》ち罔《くら》し、思いて学ばざれば則ち殆《あやう》し』と。」

どういう意味かというと、「孔子先生はおっしゃいました。『学んで、その学びを自分の考えに落とさなければ、身につくことはありません。また、自分で考えるだけで人から学ぼうとしなければ、考えが凝《こ》り固まってしまい危険です』と。」

ワークなどの提出物の勉強に追われることが多いように感じられますが、自ら考えることを忘れず、しっかりと学習に取り組んでいってほしいと願っています。

第10章

体罰もみ消し校長との因縁

――S島中学校での困惑

＊M中学校時代に、R中学校で起きた体罰もみ消しの相談を受けていた校長と

最初に赴任したR中学校のある島の隣に、M中学校の島はあった。船で50分ほどと近かったので、何度か遊びに行ったのだが、その時に、R中学校のある島にIターンで仕事に来ていたＰＴＡ会長さんと知り合いになった。二人とも父親が同じ職業だったこともあって、意気投合したのだが、それ以降、R中学校のある島へ渡った時には、ＰＴＡ会長さんの家に泊めてもらうようになった。

そんなことがあって、R中学校で起こった大問題の相談を持ちかけられた。

小学校のある先生の体罰がひど過ぎる、という。怒りに任せて、パソコンのキーボードを叩きつけたり、クラスの児童の洋服の襟をつかみ、教室の端から端まで引きずったりなど、どんどんエスカレートして、子どもたちが怯えきっている、とのことだった。

そして、それをしっかりと管理できていない校長へと怒りの矛先が向いてきたが、なぜちゃんとした対応ができないのかという相談だった。実は、校長はM中学校のある島の出身者で、私がR中学校にいた時に会ったことがあった。

教育長に相談するように助言するが、かつて私がお世話になった教育長は、残念ながら亡くなっておられ、ＰＴＡ会長さん曰く、「どうしようもない教育長」とのことだった。

「子どもの人権擁護委員会」を紹介したりなどもした。弁護士が電話での相談に乗ってくれるからだ。

校長はかなり対応に苦慮していたようだったが、ある時、本土へと向かう校長と、当の小学校の先生に会う機会があった。同じヘリコプターに乗り合わせていた、体の大きい若い男の先生だった。

あとで分かることだが、校長がそれなりに対応し、東京都教育委員会の指導を受けに行った折のことだった。何度か矯正教育的な指導を受けに行ったとのことで、おそらくそれが効いたのだろう、沈静化に向かったようではあった。

何という偶然か、時を同じくして、PTA会長さんの怒りの矛先が向いたままのR中学校の校長と私が、S中学校に赴任することになったのだ。体罰教師を管理できず、しっかりとした対応もできない校長が、今度のS中学校での上司に。思いっきり身構えたのと同時に、端っから敵対心を抱いてしまっていた。

前途多難を余儀なくされる、S中学校への船出となったのだが、2年目を終える頃、R中学校のPTA会長さんが島を離れることになったと電話連絡をくれた。そして、話の流れの中で、何気なく「悪かったのは教育長で、校長はよくやってくれた」と告げられた。

それを聞いた時には、「今更取り返しのつかないことを」という思いが込み上げたが、もう後の祭り。無論、悪気があったわけではないことはわかっているが、なぜ、そんなことに巻き込まれてしまったのか、と恨み節しきりだった。

人の世界では、「わけの分からない力」に絡め取られることがしばしば起こるということだ。

＊バドミントン部の強化と、離島ネットワークの構築

S中学校のグラウンドは、全面芝生だった。その維持・管理を任されたのだが、島出身の前任の先生が手塩に掛けて手入れをしてきており、そのプレッシャーたるや、ハンパない感じだった。体育科でありながら、運動部の顧問もせず、グランド整備にもの凄い時間を費やしていたと伝え聞いた。

島出身の理科の先生に芝刈り機の扱い方などをご指南いただき、雑草抜きなども含め、芝の管理を始めたのだが、やはり相当な時間を取られることが見通された。そこで、中古の乗用芝刈り機をWebで見つけ、購入して船便で送ってもらった。30万円もしたが、これで時間を買えるのだと思うと、そう高い買い物だと思われなかったのが不思議だ。

そうした時間の余裕を少しでも作り、部活動や水泳指導などに回せたことで、より充実した島生活を送ることができた。

部活動は、2年生の女子二人だけのバドミントン部の顧問となった。背の高いOさんと背の低いAさんの、でこぼこコンビだった。

これまでの経験に加え、本やDVDなども購入し、さまざまに勉強をしながら臨んだ。

地元の若い衆の中に、学生時代にバドミントンをやっていて、社会体育で活躍していたUさんがいた。部活動での指導や練習相手にもなっていただき、とても助けられた。

また、同じ頃、かなりバドミントンのうまい郵便局長さんが赴任していて、社会体育に参加した折などに、指導・助言を数々いただいた。

そうした中、Oさん一人が、シングルスで都大会の新人戦に出場した。

島しょ地区は、Fブロックとして独立しており、他の島と連絡を取り合い、折衝した上で、出場枠が決まることになっていた。

背が高く抜群の運動センスの持ち主だったが、都大会ともなると、強豪相手に苦戦を強いられ、やはり力及ばず負けてしまった。

その後は、でこぼこコンビでダブルスを組み、都大会での勝利を目指して練習に励む日々となった。

ただ、いきなりの都大会ではかなり厳しいと思われたし、何より島しょ地区でのネットワークを作り、Fブロック大会が開催できるとその意味は大きいと考え、その実現を試みた。実は、前任のM中学校でも2年目にバドミントン部の顧問をしていたが、いきなりの都大会では厳しいと思い、出場を断念した、ということがあったからだ。

調査をすると、7つの島にバドミントン部があった。そのうちの6校が参加の意向を示した。そこで、東京都中学校体育連盟のバドミントン専門部に掛け合い、夏休みに入ってからのブロック予選で都大会に参加させてほしい旨を打診した。それでは、都大会参加申込の締め切りに間に合わないことは分かっていたが、本土との往来を考えると、長期休業中でなければ大会開催は難しく、また、何度も島と本土を往復するのは経済的にも厳しいため、都大会直前にブロック大会を行い、Fブロックの枠だけトーナメント表に入れておいてもらい、都大会当日に氏名・学校名を入れられるようにお願いした。ありがたいことに快諾していただき、Fブロック大会の開催実現に漕ぎ着けることができた。

竹芝桟橋にある島嶼会館に宿泊し、会場は、そこから歩いて行ける大門中学校の体育館をご厚意で貸していただけることになった。夏の大会の最中であり、丸一日貸し切るのは申しわけない気持ちもあったが、多大なご支援・ご協力をいただき、そして、それが10年を経た後にも続いているということで、感謝の念が絶えることはない。

さて、Fブロック大会において、S中学校の女子ダブルスは決勝までコマを進められた。隣の島のライバル校との決勝戦は苦戦を強いられたが、大逆転で勝利を収め、見事に優勝した。追い詰められたところからの逆転の立役者は、いつもは控えめなAさんだった。まさに開き直りというのは思いもよらない力を発揮させるものだなぁと、あらためて感じさせられたプレーを見せてくれた。

大会後は保護者らから、S島のオグシオと呼ばれ、満更でもない様子だった。

都大会は、関東大会常連の強豪校との対戦となってしまったが、1セット目の途中まで、10対10と善戦し、相手監督が慌てているのが窺えた。残念ながら力尽き、敗れてしまったが、よくやったと言うよりも、悔しい思いが残り、それだけ本気で頑張ってきたのだと、二人を大いに誉めることにした。

Oさん、Aさんにとっても、私にとっても大きな財産となったことは言うまでもない。

＊ある水泳授業の一場面から――『教育哲学会発表論文』より

夏休みのプール指導で7月の最終日。1年生は、S男、N男とK子、それに2、3年生の男子4人が参加していた。

開始前、K子が「次のプール教室、欠席します」と言いに来る。「わかりました。それなら、今日、距離を稼いでおかなければな！」と告げる。「次、欠席」という言葉に強く反応してしまったからか、変な視線になってしまったかもしれない。

ウォーミングアップから慣らしの泳ぎ、そして、タイム計測といつものように流れる。計測を終え、2年生のR男に、「（100m自由形）歴代4位の記録が出たな！」と声を掛ける。「本当ですか！」と嬉しそうに応える。

するとS男が近寄ってきて、「僕はどうでしたか？」と聞いてくる。「歴代記録にはほど遠い」という気持ちが働いたからか、「うん、まぁ、良かったよ」とぞんざいに答え、管理室へと逃げ込むように入る。記録を個人カードに記入しながら、「今のS男に対する対応はなかったよな。何か声を掛けてフォローした方がいいかな……」と頭の中を駆けめぐり、惑っていた。

休憩の間、N男と2・3年生男子が一塊になってじゃれ合うように話をしている中、管理室の少し前で、K子が完全に私に背中を向けるような姿勢で、うずくまるように体操座りをしている。5mほど距離をとって、S男だけが男子の輪には入らず、明らかにK子を意識するように横を向いて座っている。何とも言えない沈黙が流れており、それに耐えかね、K子に、「100m泳いだの、初めてか?」とぎこちなく声を掛けると、背中を向けたまま「はい」とだけ応える。何とも言えない不自然な空気が流れる。S男にも声を掛けようかと一瞬思うが、それをせずに、管理室に閉じ籠もる。

少しして、「それじゃ、後半、泳ぎ込みな」とみんなに声を掛け、40分(+10分)間泳を始める。この日はことのほかS男に気合いが入っていて、1500mを泳ぎ切る。

K子にも、40分を終えたところで、「次休むんだから、もう10分、頑張って泳いどこな」と声を掛けると、渋々といった感じではあったが泳ぎ続けて、初めての1km超えとなる1100mを泳ぎ切った。帰り際、S男に、「初めての1500mやな! よう泳いだな」と声を掛けると、嬉しそうに「はい!」と応え、「ありがとうございました!」と元気よく挨拶して帰って行った。K子は疲れ切り、「声を掛けてくれるな」といった様子でトボトボと歩いていったので、そのまま声を掛けずにおいた。

この事例では、K子に「(次の授業を)欠席します」と告げられた時の態度や、S男に「僕はどうでしたか?」と聞かれた時の応答に、私自身の問題を感じずにはいられない。

島しょ地区の小規模校であり、その地域性が反映され、水泳指導には力が入れられてきた。また、村の一貫教育推進校に指定され、小学校や高校との連携にも力が入れられており、中学校としての体育科教育の質の向上が問われていた。

そうした私の体育教師としての技量、力量が試される中、一方では、運動が不得意な生徒の底上げと、また一方では、運動が得意な生徒のできうる限りの引き上げとが求められていた。

水泳指導の中心には4泳法を泳げるようにし、100m個人メドレーを泳ぎ切れるようにすることがあった。そして、運動が不得意な生徒の底上げの指標として、シーズンを通して通算1万メートル以上泳ぐことがノルマとなっていた。一方では、運動が得意な生徒の引き上げの指標として、この中学校における各種目の歴代記録10傑に名を連ねることがあった。どちらもそう難しいことではなかったが、私自身の指導力が試されていることを強く感じられていたためか、少なからずプレッシャーになっていたことも確かだった。

K子、S男は運動の不得意な生徒であり、R男は運動の得意な生徒だった。

泳いだ距離が思うように伸びていなかったK子の「欠席します」の申し出に対して、少なからず動揺したことは間違いがない。そのリアクションや視線と、その後の泳ぐことを促す声掛けを受けてのK子の様子からは、よほど泳ぐことを強いられた強迫観念のようなものがあったと推察される。

さらに、S男が自身の記録を気にしたり、そもそも100メートルをクロールで泳ぎ切ったことだけでも賞賛するに値するような生徒だが、歴代記録を意識するあまり、歴代4位を叩き出したR男にばかり意識が行き過ぎてしまい、歴代記録にはほど遠いS男の「僕はどうでしたか?」に一瞬戸惑いを覚え、ぎこちない受け答えになってしまったのだろう。ただ一点に意識を奪われ、平常心を失っていたと言える。

無論、ここにはさまざまな問題が見え隠れしているが、あえて私自身の技量、力量という一面に焦点を絞って論じてみたい。

一つには、泳げない生徒を泳げるようにし、泳げる生徒をより速く、より長く泳げるようにするという〈技〉の問題である。ただし、この点においても、泳法の技術を身につけ、さらには技能を向上させるという〈技〉の問題と、そのための練習に意欲的に取り組むことを促す、あるいは、内なる力を引き出す〈術〉の問題とがあると感じられている。

また、一つには、生徒のことばとからだにどう的確に応じるかという〈技〉の問題がある。突発的だったり、不随意的だったり、例外的だったり、偶然だったり、などなどさまざまな子どもから発せられるパフォーマンスに、いかに冷静に向き合い、的確に〈技〉を繰り出すかという問題である。この点においても、個々の子ども理解をベースとする、その生徒にとってふさわしい、その生徒らしさに寄り添った〈技〉を展開するための、教師のあり様としての〈術〉の問題があると感じられている。

前者は意図的・計画的に繰り出すことが基本となる〈技〉と〈術〉であり、後者は多分に非意図的に、それこそ不意を突かれたような時にもとっさに繰り出さなければならない〈技〉と〈術〉となる。

前者の〈技〉は、教材研究や実技研修などによって身につけなければならないものである。〈術〉については、多くの教育実践者や研究者が語る、謙虚さと通じるものがあると感じられている。

一方、後者の〈技〉は、教師としての資質・能力が多分に関わるが、生徒（人間）理解を深め、実践を通して培われ、さらに反省的に実践することを通して洗練され、磨かれていくものではないかと感じられている。それればかりではなく、「教育とは何か？」という深い問いと向き合うことが要求されると考えられる。そして、〈術〉については、不意を突かれても平常心を保ち、無心に、——的確な〈技〉を選択し、——繰り出すことのできる、そうしたあり様を、稽古を通して身に付けることが必要なのではないかと感じられている。

ホッと一息

師走の候

11月18日に玉川上水に鴨が飛来しました。なかなか四季が感じられなくなったと言われるこの頃ですが、「あぁ、今年もこの時期、鴨がやって来たなぁ」とホッとします。

紅葉は気温差が大きく関係していて、暖かい気候から一気に寒くなると、見事に色づくのだと言います。（温暖化の影響でしょうか、）今年はあまりきれいに色づいたようには感じられませんでしたが、それでも、駅から学校へと歩いていると、玉川上水沿いに1本、学校近隣の庭先に1本、真っ赤に紅葉した「もみじ」が見られました。日本の風情として紅葉《もみじ》狩りというのがありますが、紅葉を愛《め》でる感性は、古来からのもののようです。

慌ただしく走り回る、「師走」ではありますが、フッと立ち止まって、季節の移ろいを感じるのもいいものです。

今日も、鴨が2羽寄り添いながら、川底の水草をついばんでいました。冷たい水だろうに、北の方からやって来た鴨君たちにとっては、きっと暖かくさえあるのだろうと思うと、北方のこれからやって来る極寒にも思いを馳せてしまいます。

寒いは寒いなりに、その趣を楽しめる心のゆとりを持ちたいものです。

第11章

荒れた学校に送り込まれて

――T中学校での明と暗

＊訪校初日、「これ、誰？」からの……

校庭の芝生を手塩に掛けて育成されていた島出身の先生が、S中学校に戻ってこられることになり、致し方なく異動することになった。島しょ地区か、自然豊かな山あいの学校を希望したのだが、全く叶わず、大規模校といえるT中学校への異動内示が出た。校長に直談判したのだが、教育委員会に上げられることもなく、門前払いを食らった。やはり「わけの分からない力」に絡め取られることは避けられないようだ。

姉に「T中学校に決まった」とメールで知らせると、翌日だったか、返信があった。「都内で三本指に入る荒れた学校らしいけど、大丈夫なの？」と、姉は知り合いの中学校の先生にT中学校のことを聞いたらしく、その知らせを見た私は、あらためて身が引き締まる思いがした。

3月の末日、初めて訪校した。校内を案内していただくが、何とも言えない空気が漂う。廊下・教室の天井には、傘の先で刺したという無数の穴と、それを隠すための紙が貼られている。非常階段の扉には鎖が巻き付けられ、頑丈に鍵が掛かっている。「勝手に出て、屋上へ上ってしまうから」とのこと。殺伐とした感じを抱きながら職員室へと戻る途中、部活動を終えた直後の生徒が、顧問の先生とじゃれつくようにしながら歩いてくる。そして、すれ違いざま、私の顔に指を突き出して、「これ、誰？」

と顧問の先生に聞く。とっさに、「人を指さして、『これ、誰？』はないでしょ！」と口をついて出る。顧問の先生は、それはそうだが、という感じで取り繕うとする。そして、最後に、「小林だ。よろしく！」と言ってこのやり取りを終える。

それから数十分後、職員室にいると、職員玄関の方から大きな声が響いてくる。「小林はどこだぁー？　小林はどいつだぁー？」と怒鳴り声。廊下に出てみると、いかにもヤンキーの格好をしたE男（この時は卒業生かと思った）が仁王立ちしている。「私だが」と寄って行こうとするが、拙い空気を察した女性の先生が、私との間に入り、なだめて追い返すようにしながら、その場をうまく取り繕ってくれる。「これから何度も名前の出てくる子だから、よろしくお願いします」と手慣れた様子。

3年生のやんちゃな3人のうちの一人だということだった。

それからの1カ月ほどの間、私の姿を見つけると、「こばやしぃ！」と怒号のような声が飛ぶ。新年度の行事で明るいベージュのスーツを着ていると、「こばやしぃ！　なんだその色はぁ！」と笑いを交えながら体育館に響き渡るようにしていじってくる。他の先生からは「本当にそんな色のスーツは避けた方がいい」と言われ、フォローしてもらえる感じではない。

それでも不思議と憎めない感じがして、毎朝、E男の顔を見掛けると、「おはよう」と声を掛け続けた。仲間のやんちゃ3人組の一人が、「『おはよう』っと言われてもぉ」と西城秀樹の歌の節に合わせておちょくってくる。

それでも「おはよう」と声を掛け続けるしかなかった。

S中学校での経験を活かし、バドミントン部の顧問となった。晩春の土曜日、練習試合をT中学校の体育館で行った。そこへE男がやって来て、入り口のロビーにドカッと座り観戦し始めた。仲間の彼女がバドミントン部にいるらしかった。

いかにもヤンキーらしい格好をして、睨みつけるようにコートを見ていたため、相手校の顧問の先生から、「追い出してほしい」と依頼がくる。格好は確かに厳《いか》ついが、自分的にはE男が大人しく座って見ているのはそう悪い感じがしていなかったため、少し躊躇した。しかし、相手校のことを考え、追い返すという感じにならないように気を遣いながら、少し話した後、「それじゃあ」と帰るように促した。

就職すると言っていた彼が、受験勉強に取り組み始め、やっとE男との会話が成り立つようになったのは2学期になってからだった。

残念ながら、高校入試合格とはいかず、就職することになったのではあるが。

✳ 番長M男との出会い ──「先生、頑張って!」

学級担任となった2年はというと、これまたやんちゃ揃い。番長のM男は小柄だが空手を習っていたこともあり、ハンパなく強い。そのM男を中心にグループの結束力は固い。

その中の一人にH男がいた。私が学級活動などをしていると、隣のクラスのH男がいきなりガラッと扉を開けて邪魔をしてきたり、体育の授業でもさまざまに茶々を入れ、私の感情を逆なでしてくる。

5月の放課後、教室でM男、H男を含む数人で会話をしている時に、ついに切れてしまうことを言われ(何と言われたのか、覚えていないが)、全くもって反射的にH男に裏拳が飛んでしまう。ほとんどノイローゼ状態に陥っていたとも言えるが、我に返り、「しまった」という懺悔の思いが湧いてきた。H男も周りも唖然といった感じで寒い空気が流れ、その場は終わった。

私はどうにも収まりがつかず、校舎を出た水飲み場のところでM男に声を掛け、腰を下ろして二人並んで話をする。「どう思う?」と投げ掛けると、「先生とは、ホント相性悪いみたいだね。あいつ、ホントむかつくし、俺もよくしばくことがあるけど、でも、先生がやっちゃダメでしょ!」と返ってくる。「そうだよな」と、全くの正論が腑に落ちて、フッと落ち着きを取り戻した。

これを機に、「切れキャラ」が定着してしまい、それを楽しむかのように、色々と仕掛けてくるようになった。

水泳の授業の終わり、M男ともう一人やんちゃなK男がプールに入り、出るように指示しても無視して泳いでいる。プールサイドから怒鳴りつけてもどこ吹く風。鬼の形相の私をあざ笑うように二人並んで泳ぎ続けている。

そんなことが2回あり、3回目の時に、プールから上がってきたところで「お前らいい加減にしろぉーっ!」とタオルを投げつけ、本気で怒った。が、そうそう伝わるものでもないらしい。

夏の日の放課後、正門前の水飲み場の蛇口の根元から水が漏れている。私が近寄り、何が起きているのかと確かめようとしていると、少し離れたところにいたM男とK男らが、「先生、左に回すんだよ！」と声を掛けてくる。「そうか」と左に回すと、完全に蛇口が取れてしまい、水が勢いよく噴き出してきた。それを頭の先から全身に浴びてびっしょりと濡れてしまう。噴き出してくる水を浴びながら、「してやられたか！」と自然と笑いがこぼれてきた。そして、やっとの思いで蛇口をつけ終わると、やはり、大笑いが止まらなかった。

後になって聞いたのだが、切れるのを見て楽しむはずが、ずっと笑っていた私に対して、「いい先生だ」と思ったという。「あんな時には笑うしかないだろ」と私。

それからというもの、M男が折に触れ、「先生、頑張って！」と声を掛けてくれることがあった。このM男のエールからは、かなり力をもらっていた。

＊「体罰教師」の烙印を押され、臨時保護者会で謝罪して。

初年度のクラスにA男がいた。明るく活発であり、1年生の時には、かなりのやんちゃだったという。私が担任になると、何か肌に合ったのか、すごく慕ってくれて、「手伝います」と言って、プリントの配布などを率先してやってくれた。すると、やんちゃ仲間から「何いい子してんだよ」的なプレッシャーを掛けられていることも少なからず感じられていた。

秋を迎えた頃、体育授業を終えた時のこと。4、5人の生徒が体育館に残ってボールで遊んでいる。「もう終わりにしなさい。早く戻って着替えなさい」と注意するが無視している。「早くやめて戻れ！」と口調を強めるが、無視して遊び続けている。やはり「切れキャラ」を挑発して楽しんでいるようだった。フッと切れてしまった私が、一番手前にいたA男のお尻に回し蹴りを入れてしまう。「体罰だ！」、「体罰だ！」と口々に言いながら、教室へと戻っていった。

考えてみると、この学校では体罰が横行していた。裏拳が飛んでしまった事件も、それまでに普通に膝蹴りを入れているところなどを見ていて、何かこの学校のやんちゃな子たちを相手にするのに、当たり前であるかのように身体に刻み込まれていたといえるのかもしれない。

ことにある運動部の外部指導員は有名で、説教をしながら詰め寄って足を掛け、倒れた時に足を骨折してしまったという大きな事故も起きたが、熱心に指導をしていたため、訴えられることはなかった。職員室でも、荒れた学校を建て直してくれる英雄であるかのように扱われ、管理職も黙認していた。

また、生活指導部主任も竹刀を振り回したり、跳び膝蹴りを入れる場面なども目にしていた。かつて携帯電話の持ち込みという校則違反の際、「次に持ってきたら折るから」と指導し、それでも持ってきたのを見つけ、「言ったよね！」と、言葉通りに目の前で折った、という武勇伝さえ残っていた。それでも、生徒からの信頼は厚く、職員室では「猛獣使い」と呼ばれることがあり、そうしたことが問題になることはなかった。

私はというと、A男の保護者から体罰として訴えられたのである。母親からは、「親の私でも、蹴りなんか入れたことはない！」と、電話越しに厳しく叱責された。この言葉には言いわけのしようもなく、平謝りだった。

そういえば、この頃の私は生徒たちから「ターミネーター」と呼ばれることがあった。私が歩くのに合わせて「ターミネーター」のリズムを口ずさむのが聞こえたりもした。

「心のないマシンと化してしまっていた」という問題を振り返ると、やはり、おかしなスパイラルに陥り、体罰という渦にはまり込んでしまっていた、という感覚が残るのは否めない。

無論、このままでは終わらない。ことに学校の管理職の責任が問われることになると、それまでは、生活指導部主任の跳び蹴りを目の当たりにしたり、外部指導員の行き過ぎた暴力を黙認してきたりしていた校長が、臨時の学級保護者会を開き、概要説明と謝罪を行うという。思えば当然のことではあるが、どこか納得がいかず、まさにトカゲのしっぽ切りではないが、私が体罰教師のレッテルを貼られ、臨時保護者会で謝罪をすることとなった。他の体罰全てを隠蔽するためであるかのように感じられた。

臨時保護者会では、会を開く主旨を校長が述べ、概要説明を生活指導部主任が行った。

その後、私が前に立ち、謝罪を行った。心からのつもりが、どうも納得のいかなさがそこに現れてしまっていたのか、A男の保護者は出席していなかったが、後でどんな話があったのかを仲の良いママ友から聞いた時に、「許せるような内容ではない」と語ったとのことだった。

そうした場で、少し救われた気持ちがしたのは、学級委員Y子の保護者から弁護をしていただいた。実は有名だった生活指導部主任の体罰を挙げ、「『蹴っている』という先生のことは聞いていています。小林先生だけがこのように謝罪するのはおかしい」と、同席し概要説明をした生活指導部主任の方を向いて言い放ってくれた。

それで私の体罰が帳消しにされるわけではないし、反省し、繰り返さないことを肝に銘じることも忘れてはならないが、かなりホッとしたことは確かだった。

Y子は、よくあることだが、学級委員であるがゆえにクラスのやんちゃたちからプレッシャーを受けていたのだろうか、1学期の途中から不登校傾向になってしまった。夏休みに入ってすぐの三者面談で、自然と申しわけない気持ちを伝えていた。

「本当にごめんね。先生にもう少しクラスをちゃんとさせられる力があれば、Y子さんに大変な思いをさせずに済んだのに……。」

この言葉で救われたと言ってくれていたのを、後に伝え聞いた。

この謙虚で素直に己の指導力不足を認められる気持ちは、常に持ち続けていなければならないと、その後10年を経て、あらためて思う。

さらに、第1章で書いたような、私が中学生時代に味わった〔管理主義〕の教育に対する否定的な見方とは別の見方もできるようになった、と言えるかも知れない。この地域の文化によるところも大きいと思われるが、三者面談の席、「うちの子は殴っていいので、ちゃんとやらせてください」と体罰を容認する保護者が複数おり、「心のないマンン化」が加速していったという面もあったのは間違いなさそうだ。「管理」については、「教育学の祖」と言われるヘルバルト（1776～1841年）が早くから説いているのだが、今後も探求していかなければならない深い課題である。

一方で、その対極にあるような教師のあり様を、体育に真面目に取り組んでおり、授業が注意や叱責で途切れ途切れになることを嫌う生徒らから、口々に言われたことがあった。

「先生、〈スルー〉することを覚えた方がいいですよ！」と。

どうやら私が毛嫌っている「蝿叩き」に陥っていた頃のことである。

それは、見て見ぬ振りとか黙認とも違って、生徒の仕掛けに対して「適当にかわす」という感じであろうか。この頃の私にはすぐには染み入ってこなかったが、後には、「適当」も大事なのではないかと思えるようになっていった。

ホッと一息　ワンピース症候群!?

日曜日の朝、アニメのワンピースが放映されています。もちろん人気のコミックで、雑誌や単行本で読んでいる人も多いのではないでしょうか。

決闘シーンや乱闘シーンにハラハラしながらも、見ていて何かワクワクするような面白さが感じられます。

しかし、よくよく考えてみると、「正義」がはき違えられていることに気づかされます。インペルダウンという監獄に収監されていた海賊たちの脱走劇に、それを阻止しようとする毒を操る監獄署長マゼランをはじめとする看守たち、――なぜか脱獄しようとする凶悪な海賊たちを応援するようになり、監獄署長を悪の極みであるかのように感じるようになります。人の心理の奥底をついた、悪の痛快劇になっているようです。

どうやら学校においてもそうした傾向が見られ、「ワンピース症候群」と名付けてもいいのではないか、と考えるようになってきました。

人は誰しも善と悪とを持ち合わせています。そして、悪と対峙しながら、いかにして善へと心を向けるか、日常においても常に葛藤があります。「立派な自分」と「ろくでもない自分」と言い換えても良いかも知れません。

自分の中の悪と対峙することができないところに、人間の弱さの真髄があるのだと思います。

第12章

希望を無視され、飛ばされた学校で

――H中学校でのあれやこれ

✻ 異動希望のカードが回らずに

T中学校で教鞭を執って5年目、3年生の学級担任を受けもち、卒業させて異動するのがいいタイミングだと考えていた。そのため異動希望を出したものの、校長からとどまるように打診された。陸上競技部顧問をしており、好成績を上げていたのが理由だった。

それでもやはり「いいタイミング」という思いは強く、「あの子たちは私がいなくても大丈夫です」と伝え、異動希望を受理してもらった。

ところが、年が明け、異動希望のカードが回っていないことがわかり、「何としてもこのタイミングで！」と詰め寄る場面があり、渋々校長も折れてくれた。

「あの子たちは大丈夫」の言葉通りに、3月異動間際の記録会において、2年生4人による「男子2年4×100mリレー」で東京都記録（44秒89）を打ち立ててくれた。

エースのS男は、その翌日の学芸大学陸上競技会で初めて200mを走った。「先生、どうやって走ったら良いですか？」と言うので、「君はスピード持久力があるから、最初からガンガン飛ばして、それでつぶれちゃったら仕方ないな」と助言した。その通りにスタートから全力で突っ込み、しっかりと最後まで走り切って、向かい風の中、23秒04の好タイム。個人種目での全国大会出場も確信した瞬間だった。

このチームでのリレーは、秋の都大会（支部対抗選手権）で、「男子1年4×100mリレー」「男子2年4×100mリレー」と2連覇することができた。しかし、順風満帆だったわけではなく、その直前の九月に行われるジュニアオリンピック東京都予選では、2年続けてライバルA中学校に敗れての2位だった。

1年の時の決勝で、アンカーのH男が抜かれ、悔しい思いをしていた。そして、2年の時の決勝の直前、副顧問がそのことに触れ、H男に向かって、「去年抜かれたんだよね」とチクリと言ったのだという。案の定、3走までトップで来たにもかかわらず、あわててタイミング早く飛び出してしまいバトンミス。抜かれて2位となってしまった。

そうしたことをリフレクションして臨んだ都大会。決勝当日の朝、メンバー4人を集め、H男に向かって言った。「3人が、必ず逃げ切れるだけのリードを作ってバトンを持ってきてくれるから、絶対に焦るな！」

その言葉通りにリードを作ってアンカーへと繋いでくれた。H男も落ち着いてスタートし、見事なバトンパスを決め、しっかりと逃げ切った。

考えてみると、やはり技能ばかりでなく、内なる力を引き出す言葉の〈術〉も大事だとあらためて感じられたのだった。

この時に投げ掛けた言葉は、決して「タクト」によるものではなく、前の晩から布団の中で考え抜いた言葉だった。

＊H中学校でも陸上競技部顧問になったお陰で

そして、異動先に決まったのがH中学校。この学校もT中学校と同様に、とんでもなく荒れていた時代を経て、だいぶ落ち着いてきたところだった。

荒れていた頃の話を時折耳にした。「給食の量が足りないと、保健の先生がお代わり用の食缶を持って行くと、それを蹴り上げて、ご飯をぶちまけた」「スキー教室に向かうバスの中、高速道路を走っている際に、座席の椅子をバスの窓から投げ捨てた」などなど、かなり激しいものだった。

体育科の教師は、日々体を張って対応に追われていたとのことで、朝から更衣室で生徒と乱闘になり、血だらけで職員室に現れたこともあったという。

何がそこまでの衝動にかき立てるのか、「狂っている」としか言いようのないあり様が目に浮かぶのだった。

H中学校でも陸上競技部の顧問となった。陸上競技場で会うと、T中学校の部員たちは挨拶しに来てくれた。

幸いにも順調に記録を伸ばしていた。2年生の冬場から、私の練習計画を参考にさせ、トレーニングメニューを立てさせていたのが功を奏し、新年度になってからもしっかりと練習を積めている、とのことだった。

冬季練習では、私が前年立てたメニューよりも、（たとえば、土曜日には競技場で行う「２００ｍ×10本」を軸にしていたが、それを12本にするなど、）１・２倍から１・５倍の練習量で計画を立てることもあった。異動を決めたことで、私の肩の力が抜けているのがいい方向に働いていると感じられた。

そうして東京都大会において、リレーで優勝し、全国大会進出を決めた。エースのＳ男は１００ｍ・２００ｍの個人種目でも全国大会標準記録を破ることができた。

標準記録を突破すると、スタンドで見ている私のところに駆け寄ってくれた。がっちりと握手をするたびに、指導者冥利に尽きる思いがした。


関東大会・全国大会へと応援に行った。

茨城での関東大会ではリレーが4位入賞、Ｓ男は２００ｍで3位入賞を果たした。申し分ない結果に思えたが、１・２年生の頃からのリレーのライバルだったA中学校が、東京都記録を更新して2位に入っていた。かなり悔しい思いの方が強かった。

全国大会は北海道で開催された。遠いため、行かないことにしていたが、急に思い立って応援に行くことにした。週末の宿が取れず、最終日を残して帰ることになっていた。

大会初日、Ｓ男の２００ｍの予選・準決勝とリレーの予選があった。リレー、２００ｍともに予選を突破し、Ｓ男は見事に準決勝も勝ち抜き、決勝へとコマを進めていた。

競技場から駅へと向かう道すがら、ばったりT中学校ご一行様に出くわした。「偶然というのもあるものだなぁ」と思いながら、同じ方向の地下鉄だったため、途中まで一緒に同行した。

個人種目で大活躍しているS男と、他のリレーメンバー3人との間でどうも確執があるらしく（実は少し耳に入っていたのであるが）、S男が一人離れて立っていた。200mでの決勝進出を決め、ますます距離感が開いたのもあったかもしれない。

そこでS男に声を掛けた。「S男は持久力もあるんだから、（2日目以降の）100mの3本（予選・準決勝・決勝）とリレーの2本（準決勝・決勝）もしっかり走らんと。その上で当然だけど200mの決勝をきっちり走り切らんと。」

その言葉に返事をするでもなく、何かを感じ取ってはくれたようで、他の3人のリレーメンバーのところへ行き、両サイド二人の肩を組むようにのし掛かり、明るく振る舞って談笑し始めた。何かひとつ、いいきっかけになってほしいと願うばかりだった。

大会2日目、S男は朝の早い時間から100mがあり、予選を突破した。

そうして200m決勝。持ち前の低く鋭いスタートを決めると、そのまましっかりと走り切り、なんと差し切って優勝してしまった。関東大会3位からの大躍進。これには驚きを隠せなかった。

後で聞いたのだが、200m決勝のために100m予選を棄権しようかと考えていたらしく、しかし、朝から1本100mを走ったことで体が動くようになり、200mの後半に伸びることができた、とのことだった。

そこまでのことは、私も考えていなかったが、帰りの道で偶然に出会い、偶然にも私が100mも走るように言ったことが功を奏した、という側面もあったようで、後任顧問から感謝された。

そうして優勝した余勢を駆って、リレーの準決勝を控え、他のメンバー3人に向かって、「(アンカーの) 俺が最後に抜いて、決勝まで連れて行ってやるから！」と意気揚々だったとのこと。そして、有言実行、見事に決勝に残ったのだった。

残念ながら、リレーの決勝・東京都記録を更新しての5位入賞は、自宅のテレビで見ることになったが、偶然が偶然を呼んだ、とんでもないドラマの演者の一人になれたことが不思議でならなかった。ある意味「わけの分からない力」が良い方向で働いた、と言っていいのだろうか。

それに、もし私がT中学校に残留して、陸上競技部顧問を続けることになっていたら、ここまでの結果を残すことができたのだろうか？　疑問符だらけである。

＊陸上競技部の指導を通した人間育成とは

H中学校陸上競技部でもリレーに力を入れることになった。リレーのバトンパスの練習は全力でやらなければならず、渡し手も、受取り手も100%の走りが求められる。手を抜いたのでは、競技本番でのバトンパスが合わない、ということが起こりうるからだ。そのために100mを速くするための練習としても大変有効であり、100mが速くなればリレーが速くなり、リレーが速くなれば100mも速くなる、と説いていた。

そのかいあって、初年度の秋の都大会（支部対抗選手権）において、1年生4人による「男子1年4×100mリレー」で4位入賞を果たした。

H中学校での3年目には、「男子共通4×100mリレー」、「女子共通4×100mリレー」、そして、1年生二人、2年生二人の「男子低学年4×100mリレー」、「女子低学年4×100mリレー」の4つのリレーで都大会への進出を果たした。「男子低学年リレー」では準優勝に輝いた。

申し分ない戦績のようにも思われるが、1年生の時には都大会4位だったメンバーが、3年生となって臨んだ「男子共通4×100mリレー」。前年度の都大会入賞により招待された春先の「東京選手権」においても好記録を叩き出し、4位入賞を果たしていた。

夏の都大会で3位以内に入り、関東大会への進出を目標に取り組んだシーズンだったが、全く振るわず、予選敗退に沈んでしまった。

実は、都大会1週間前に調整のために出場予定だった競技会があったが、リレーの出番前、部員の待機場所でトランプで遊んでいるのを見つけ、この日の出場を見送ることにした。リレーメンバーのうちの3人が一緒に遊んでいた。厳しく注意をし、すぐに帰宅するよう指導した。

スタンドに戻り観戦していると、リレーメンバー4人で「走らせてほしい」と懇願してきた。当然都大会に大きな影響があるとは思ったが、出場することを許さなかった。果たして、その決断は間違っていなかったのだろうか？

ふと思い出すと、２００mで日本一になったS男にも、2年生の時に、都大会のリレーを走らせなかったことがあった。都総体（二つあるうちの最初の都大会）では１００mで6位に入賞し、リレーでも「男子2年４×１００mリレー」の東京都記録に迫る好記録を叩き出していた。

ところが、通信大会（二つ目の都大会）の前日に無断欠席をし、その日のリレーの練習で走った3年生を出場させることにした。大会当日、他のメンバーから補欠になることを聞いていたようで、「すでにエースとなっている自分がリレーメンバーから外されることなどあるわけがない！」といった様子で現れた。集合となり、私からその旨を伝えると、引きつったような表情を浮かべていた。無論、考えを変えることはなかった。

結果として、都総体よりも1秒ほど遅いタイムとなってしまったが、それ以降のS男の成長を考えると、決して間違った決断ではなかったと思われてならない。むしろ、この時に「天狗の鼻」をへし折ってやったことが、後の陸上競技人生においてはプラスになったと思いたいのだが。

ところで、日本一にまでなったS男だが、実は、週に4日の練習しかしていなかった。元々週に2日の休みは入れていたところに、もう1日、ピアノのレッスンのためにと金曜日も毎週欠席していた。

昨今、よく言われているところの「運動部活動における過大な負担」なしに、日本一にまで昇り詰めた陸上競技選手がいたことを記憶に留めていただけるとありがたい。

＊陸上競技部、強化されるも……――部長とのメールのやり取りの失態

さて、運動部活動顧問が実績を残し、「カリスマ性を発揮して、部活を牛耳る」というのはよくある話。私もご多分に漏れず、少なからず「日本一を育てた」という自負の念が生まれていたのであろう。（T中学校で行っていた「ビート」というトレーニング法を取り入れたり、冬季練習では、競技場での「200m×10本」を軸にして取り組むなど）同じ指導法でやっているのに思うように選手が育たない。記録がそれほどでもないのに態度がでかい。それでもそれなりの成績を残させてやっているのに、先生のお陰という感謝の気持ちが全く伝わってこない。そんな風に思っている私だからこそ、全く信頼を寄せてこない、などなど。全くもっての悪循環、マイナスの感情渦巻くスパイラルへと迷い込んでしまったようだった。

陸上競技部員を、私が最も嫌っていた「駒扱い」にしてしまっていたのかもしれない。無論、そこには私と部員だけの関係ではなく、もう一人の顧問や外部指導員、ＯＢ・ＯＧ、さらには他校の顧問、指導者など、さまざまな力が働き、パワーバランスが取れずに追い込まれていったとも言えるのだが……。

誰もが、「あなたのお陰で」と言われたいという欲求は持っている。その欲求こそが、「子どもをパフォー

マンスの道具にしている」へとつながるのは間違いなさそうである。そして、「いやいや、私のお陰に決まってるじゃないですか」という思いとともに、部員を「駒扱い」にするという、とんでもない醜態へと転げ落ちてしまったと言えるのかもしれない。

3年目の秋、思いもよらない勤務先の異動が決まった頃のこと。（体育教員が加配となり、一人は異動しなければならなくなり、私がその対象となった）。

夏の大会を終え、部長になった2年生のK男との間でトラブルが起きてしまった。元をたどれば、前部長とも関係が悪化しており、それをそのまま引き継いだかのように、私に対する態度に違和感を覚えていた。都大会の「男子低学年4×100mリレー」のメンバーであり、準優勝したことで天狗になっているようにも見受けられた。

実は、2年生でありながら4人の中で一番遅く、しかし、エース区間である第2走者となっていた。都大会1カ月前になって、第3走者だった1年生の抜群に速い選手（都大会100m3位入賞）と走順を変えることを指示したが、エース区間を走りたいK男が、「もうみんな慣れているので」と拒んできた。そして、K男がエース区間を走り、準優勝となった。

実際のところは、もし走順を変えてさえいたら、間違いなく優勝していたのに、というのが私の見立てであり、私の中では、「K男のせいで、準優勝」というものだった。

「自分のお陰で、準優勝」と「K男のせいで、準優勝」という真逆の捉え方が溝を深めていったのは間違いなさそうだ。

そうしてどうにもうまく指導が入らず、コミュニケーションが取りづらくなっていった2学期の初め、学級委員会委員長でもあり、時折その仕事のために部活を休むことがあったのを口実に、部長の交代を切り出した。そこには、「天狗の鼻をへし折ってやる」という思いも湧いていた。

このあたりで、K男が、なかなかの力の持ち主であることは察しがつくだろう。普段の学校生活においてもカリスマ性を発揮し、学年の中心を担っていた。部活においても競技力は高くないのに、部長に君臨することができる、他を圧倒するような力を有していた。それが悪として働く時には、いじめの主犯格ともなり得るのであり、いわゆる「学校カースト」の頂点にいるようにさえ感じられた。

この時点においては、本人が続投を強く希望し、代わってもいいという部員がいなかったため、部長の交代劇は先送りになったのだが、その後も芳しくない関係性がずっと燻《くすぶ》っていた。

それが秋の記録会の前日、私の中で暴発してしまい、大会の時などに使っていたメールで、次のように送ってしまった。

「明日の記録会で、12秒5を切れなければ、部長交代な！　頑張って（グーパンチの絵文字）」

酔っ払ってのことである。

記録会当日は、雨が降っている上、気温も低く、好記録を出すには厳しい状況だった。それでも私のメールに奮起した様子で、必死の走りが伝わってきた。

100mで久しぶりの12秒台。最悪のコンディションで自己ベストに近い記録を叩き出し、その点は誉めようと思っていた。が、言葉にして発することはなかった。気持ちの上では部長交代は先送りと思ってはいた。

ところが、12秒5を切れなかったK男は部長を下ろされると悟ったのだろう。両親にメールを見せて助けを求め、それに応じ、メールのやり取りをプリントアウトした紙面を持参し、校長に私のパワハラを訴えてきた。

私は、メールを使ったことは問題であり、それに関しては謝罪したが、その内容については、一切謝罪しなかった。K男の私に対する非礼の数々を伝え、それに応じたものだったことを主張した。しかし、保護者のクレームに対応する管理職が受け入れるわけもなかった。

そうであるなら、K男部長と円滑な部活動運営をしていく自信はなく、また、翌年度の異動が決まっていたこともあり、顧問を退くことを校長に伝えた。慌てた様子で、副校長とともに思いとどまるように説得されるが、気持ちは変わらなかった。

土曜日の競技場での練習だけは確保してあげたいと思い、元々高校陸上競技部OB会のクラブチームの監督になっていたこともあり、外部団体として正式に認可をもらい、陸上競技教室を立ち上げた。数人の部員が参加し、その弟妹の小学生も加わって、有意義な陸上教室となった。

陸上競技部は、副顧問の先生と、陸上競技専門だった副校長に引き継いでいただいた。

ただし、K男の傍若無人がますます加速していったようで、校舎の窓から見られた練習中のいじめ行為を報告すると、「(私という) 重石がいなくなったことで、大変なことになっている」とのことだった。

私の身から出た錆ではあったが、多くの関係者、とりわけ、真剣に陸上競技に取り組んでいた部員たちには、本当に申しわけない気持ちばかりが残った。

翌シーズン、リレーでの都大会出場は、「男子共通4×100mリレー」のみとなってしまった。私を慕ってくれていた女子部員たちのリレーでの都大会進出が叶わなかったことは痛恨の極みだった。

K男は、相変わらず記録が伸びていなかったが、春先に100mで11秒台を叩き出していた2年生を差し置き、リレーで都大会に出場していた。K男ではなく、その2年生が出場していれば、決勝進出も十分にありえたと思われる記録だった。

そんな「わけの分からない力」に翻弄されてしまった現実を見据えながらも、K男のせいばかりにしていないで、この節の冒頭で述べたような、リフレクションから生まれた「反省の気持ちを忘れるな」と、自分に強く言い聞かせている次第だ。

どうしても自分を正当化しようとする心ばかりが働いてしまう。

ホッと一息

明けましておめでとうございます。

新年も十日が経ちましたが、本年もよろしくお願いします。

今年は辰年です。辰（竜・龍）というと、やはり「昇り龍」のイメージが強いのではないでしょうか。力強く空を飛び回る姿は、勇壮そのものではないかと思います。

そういえば以前には、ジブリ映画『千と千尋の神隠し』に「ハク」という少年が登場し、白竜に変身していました。実は千尋が以前住んでいた家の近くを流れていたコハク川という小さな川を司る神だったことが明かされます。

学校の近くには玉川上水があります。台風以降しばらく濁ったままでしたが、今では川の水も澄み、冬になって、鴨が群れで川底の藻をついばんでいたり、青鷺が川面にたたずむ姿が見られるようになりました。私にとっては、私が中学生の頃にリリースされた、ユーミンのアルバム『悲しいほどお天気』に出てくる「上水沿いの小道」は、何とも言えないノスタルジーを感じさせてくれます。

日本古来の自然《じねん》は、英語のＮａｔｕｒｅとは違って、神が住み、魂の宿る、とても豊かなものでした。そうした自然に抱かれながら、「昇り龍」のように高く上昇していけるような、そんな年になるようにと祈っています。

第13章

学校の〈ブラック化〉に対抗して

——S中学校における戦い

＊「ハートフル」と「ゼロトレ」の狭間

新入学生徒数が少ないことによる学級数の減少、そして、それに伴う教員数減の対象となり、異動を余儀なくされた。希望しない異動のため、勤務先の条件などを優先してもらえるというので、その点では助かった。そして、電車の乗り換えなしで通勤できる、しかも駅から徒歩5分のS中学校となった。

ここが現任校であり、ここでの出来事が私を本書執筆へと駆り立てる契機になった。

S中学校では、生活指導部の代わりに健全育成部を置いていた。そして、至る所に、「ハートフルS」と掲げられ、教員のスローガンとしては、「にっこり笑顔！　『どうしたの？』　～6秒待って体罰ゼロ～」とあった。怒りというのは、6秒間もたずに解消するのだそうだ。

グラウンドで部活動をいい加減にやっていたらしく、顧問が職員室の窓から怒鳴ると、「怒鳴っちゃダメでしょ！」と、どこからか声が漏れる。少々違和感を感じられもした。

一方で、「ゼロトレ」というのも問題行動対策の一つとして掲げられていた。健全育成部の「問題行動対応の共通理解項目」には、「問題行動が他の生徒の学習や生活に影響が出ると考えられる場合、別室で指導を行う。」とあり、続いて「ゼロトレランス…学校規律違反行為に対するペナルティーの適用を基準化し、これを厳格に適用することで学校規律の維持を図ろうとする考え方。」と記載されている。

そういえば、荒れたT中学校には『ガイドライン』というものがあった。AランクからCランクまで、問題行動の重さによって決められていた。Aは「お菓子の持ち込み」などの軽いもので、反省文を書くことになる。Bは「ケンカ」などの中程度のもので、保護者を呼び出しての指導となった。

そして、Cランクは「登校後の無断下校・無断外出」から「対教師暴力」など、かなり重たい問題行動で、1週間の「自宅学習」となった。基本的には1週間だが、日常における素行や反省の態度などにより、期間が短縮されたり、延長されることもあった。生徒は「じた謹」と呼び、いわゆる自宅謹慎であることを知っていた。

このCランクは、まさに「ゼロトレ」だった。それこそ別室等において学習する機会が与えられているという点では、S中学校の「ゼロトレ」よりも、アメリカから持ち込まれた本来の「ゼロトレ」に近かったといえる。

「自宅学習」だが、必ず一日に一回は登校をし、会議室などの別室で何らかの教科学習をすることになっていた。当初は放課後登校することにしていたが、生活リズムが乱れるなどの弊害が出るとの保護者の訴えがあり、朝9時に登校し、午前中勉強をしてお昼に帰る、というスタイルも取り入れられた。別室学習に対応する教員の負担は大きかったが、学習機会を奪うことは法令違反に当たるため、やむなく対応せざるを得なかった。

子どものために、そして、教員の負担軽減のためにも、「自宅学習」は避けたい、予防しなければならないという思いは強かった。

そういえば、番長M男が、いわゆる切れてしまい、「帰る」と言って学校を出て行こうとしていた時のこと。昇降口でつかまえ、「このまま出て行ったら『じた謹』だぞ!」と止めるが、完全に目がいってしまっている。振り切って出て行こうとするのを抱き止め、羽交い締めにするようにすると、ガツンと下からアゴに頭突きをくらってしまった。

この時ばかりは本当にやばいと思ったが、私の対応が拙かったこともあり、報告はせず「対教師暴力」だけは免れた。

本来の「ゼロトレ」であれば、学校での対応が困難な生徒らは、専門の矯正学校、いわゆる「オルターナティブ・スクール」へと転出させ、そこでより手厚い教育を受けることになるのだが、残念ながら日本の教育システムとしては用意されていない。

かつてどこかの知事が、「学校で手に負えない生徒らは、一つのところに集めて教育すればいい」というような発言をし、教育界からも、マスコミからも袋叩きにあっていたように記憶しているが、母性社会の日本文化には馴染まないのだろう。

話をS中学校に戻すと、「問題行動対応の共通理解項目」にある「学校規律違反行為に対するペナルティーの適用を基準化し」は実際のところ詳細にはなされていない。個々の教員の主観によって「ゼロトレ」が発動されており、それに対する生徒の不信感はことあるごとに表出する。実は私もそれには共感・受容することが多い。

それほど大きな授業妨害とは思えないような問題行動で、かつての教室で横行したような「教室を出て行け」「廊下に立ってろ」的な指導で「ゼロトレ」を言い渡すケースが少なからずあり、今現在では体罰にあたるが、「ゼロトレ」の名の下に隠蔽されてしまっていると感じられることがある。

その上、前述したように「ゼロトレ」で教室を追放された後の学習は保証されていない。「別室で指導」がメインだからだ。手を焼く子、面倒くさい子を教室から追い出し、自分のやりやすい授業を進めることにのみ主眼が置かれている、というケースにおける「問題の所在」は、果たしてどこにあるのだろうか?

❋「カウンセリングマインド」V.S.「ノーイクスキュース」

S中学校に異動し、「ゼロトレ」に出会ったことで、少々勉強をしてみた。参考にしたのは、加藤十八編著『ゼロトレランスからノーイクスキュースへ』（学事出版　2009年）と、横湯園子・世取山洋介・鈴木大裕編著『「ゼロトレランス」で学校はどうなる』（花伝社　2017年）だった。全国的に中学校が荒れに荒れていた2009年と、その後落ち着いてきた頃の2017年と、それぞれに書かれた時代背景もあり、興味深く対比しながら読み進めることができた。

『ゼロトレランスからノーイクスキュースへ』では、表題に「アメリカの最新教育事情に学ぶ」「日本教育再生のカギ」とあり、凶悪犯罪の減少に成功し、落ち着いた学校を取り戻したアメリカに倣って日本の教育再生を図ろうとする意図が窺えた。

「ゼロトレ」を理解するために、少々長くなるが、本書よりの引用を以下に記す。

「加藤十八氏の私信によれば、最近のアメリカの学校ではゼロトレランスという言葉はあまり強調されなくなっているという。それは、ゼロトレランスが本来、学校内での麻薬や銃、暴力といった重大な犯罪を排除する目的で導入されたものであるが、こうした学校内での重大な犯罪が減少したことが理由であるという。すなわち、段階的規律指導の最終段階としてゼロトレランスがあるという立場である。

しかし、本稿では、段階的規律指導において、小さな規律違反に対しても例外なく罰を与えることもゼロトレランスの考えに則っていると考える。換言すれば、重大案件のみを対象とする狭義のゼロトレランスと、段階的規律指導においても適用される広義のゼロトレランスがあると言えよう。」(同書76ページ)

この広義のゼロトレランスが日本では定着してきた、と考えられるのだが、同じ「ゼロトレ」の流れの中で、容赦なし(言いわけなし)という「ノーイクスキュース」の精神が「わが国の教育を本来あるべき姿に戻すために」絶対的に必要だというのだ。そうした教育的観念が、本書では一貫して述べられている。

読み終えた私の頭の中では、「問答無用」という言葉が強く響き渡っていた。

ところで、同書の中に、このような一節があった。

森秋夫「第11章　教育崩壊へ導く学校カウンセリング――カウンセリングマインドの撤廃と生徒指導の強化――」(同書104～110ページ)、その最終節「カウンセリングのとんでもない始末」と題された論考には次のようなケースが記されている。

ある不登校生徒に、PTSDの疑いがあり、「刺激を与えない」というカウンセラーの助言に従い、また、「アスペルガー症候群、ADHD」と診断され、服薬も行ったために状況を悪化させてしまった。

しかし、「友達との関係が大きい」と見立てた教師により、「対人関係の話をして気持ちを整理していった」ことにより、不登校が解消された。

そして、その締めくくりに、次のように述べられている。

「PTSDでもアスペルガー症候群でもなかった。教師のほうが不登校の原因を正しく見ていたのである。こうした子どもの問題が、カウンセリングによって重症化されてしまうのだ。教育の現場に誠実さと毅然とした生徒指導があれば『カウンセリング』と『カウンセリングマインド』は弊害こそ与え、まったく無用なものとなる。」（森秋夫「第11章　教育崩壊へ導く学校カウンセリング——カウンセリングマインドの撤廃と生徒指導の強化——」加藤十八編著『ゼロトレランスからノーイクスキューズへ』学事出版　２００９年　１１０ページ）

私には、このケースの「問題の所在」は、カウンセリングやカウンセリングマインドにあるのではない、と思われてならない。

不登校という問題のある生徒の生徒理解が進まず、その問題の解消を図ることができずにいる時に、病名が付けられることによって、教師や保護者の心の安定が得られるというケースは少なからずある。私自身が、病名を求める教師や保護者に出会ってきたからに他ならない。

無論、ここで付けられた病名が、求めに応じて虚偽に付けられたものだ、などと言うつもりはない。「ＰＴＳＤでもアスペルガー症候群でもなかった」と言い切ってしまうところにも多少なりとも問題はある。ただ、いずれにせよ、この筆者は、第８章で詳しく論じた「刺激を与えない」という「カウンセリングマインド万能論」から派生したスローガンに、強烈な抵抗感をあらわにしている。

そもそも「対人関係の話をして気持ちを整理していった」ことこそカウンセリングだろうと思えるのだが。

さて、『「ゼロトレランス」で学校はどうなる』においては、「ゼロトレランス」政策（ＺＴＰ）によって自殺に追い込まれた事例を挙げるなど、徹底して「ゼロトレランス」を批判している。「新潟県立高校の自殺事案の調査報告書は、『本生徒の自殺に関しては、その内面に十分な配慮を欠いたまま、本生徒の問題行動に対する批判だけを行った本学校における一連の生徒指導が最大の要因だったことは否定できない』と結論づけている」とのことだ。

詳しく報告書を読み込んだり、ましてや現地で調査に加わったわけではないので、この調査報告を一切否定するつもりはないし、「ゼロトレランス」によって自殺に追い込まれた事例として受け入れなければならないのかもしれない。

ただし、ひどく荒れた学校で「ゼロトレ」ならぬ『ガイドライン』を用いた教育実践を行い、学校の「荒れ」解消に一役を買ったという経験をしたわけだが、その時の身体感覚からすると、「ゼロトレ」によって自殺を防げたというケースもあるのではないかと思われてならない。つまり、陰湿ないじめや暴力によって自殺に追い込まれる子ども、それを「ゼロトレ」が救ったというケースがある、という仮説も成り立つのだ。

しかし、それを語り出す術《すべ》はなく、全くもって不可能である。「教育の世界」というものは、そんなカオスな広がり、深みを持っている。

他にも「ゼロトレ」によって不登校になった事例などが記されている。

「中学生のAは、同級生の欠席について『いじめが原因ではないか』と教員に伝えました。しかしAは学校からいじめの加害者とされ『別室指導』が課されます。この指導開始の際、Aによれば、『自分は加害者ではない』と監督の割り当ての教員に訴えたものの、聞き入れられず、学校がいじめの状況調査をした様子もないといいます。この間、学校によるいじめに関する指導はなく、Aには漢字の書き取りやワークブック学習が課され、次第に『学校になにを言っても仕方ない』と意識するようになります。

『別室指導』の期間を終えたのち、学校への不信感を募らせたAは不登校になります。（後略）」

（同書45〜46ページ）

この事例などは、「ゼロトレ」の問題ではなく、その「ゼロトレ」を発動する教師の問題なのではないだろうか。いじめが解明・解消するのに厄介な問題だということは周知のことだろう。その面倒くさい問題に際して、悪者を決めつけ、その悪者を処分することでこの厄介な問題の解消を図ろうとするというケースは少なからずある。

そんな人間たる教師の思考様式が、「学校がいじめの状況調査をした様子もない」につながると考えられるのだ。

さらに、前節で述べた、「手を焼く子、面倒くさい子を教室から追い出し、自分のやりやすい授業を進める」教師の思考様式も、そう違いがないのだろう。

以上、［ハートフル、カウンセリングマインド］と［ゼロトレ、ノーイクスキュース］について書籍を参考に考察してみた。

いずれにせよ、こうした両極端な指向性は、第6章においても述べたが、教育において連綿と息づいてきており、そして未来永劫続いていく。

それでは、学校現場での実践においては、どうしていったらいいのだろうか？

常に両極端の教育方法、手段を身に纏《まと》いながら、個々の子ども、その［場］に応じて使い分ける（第10章で詳しく論じたところの）「〈技〉〈術〉」を持つことを教師は求められている。

「6秒待って」は悪くないかもしれない。そして、［ハートフル、カウンセリングマインド］を発動するのか、［ゼロトレ、ノーイクスキュース］を発動するのか、鍛えられた、あるいは、持って生まれた「〈技〉〈術〉」に裏打ちされた直感に負うところが大きいのではないだろうか。

無論、［ゼロトレ］を発動するには慎重でなければならない。「6秒待って」話を聞き必要に応じて調査をし、冷静に英断しなければならない。冷静に。

私にとっては、「迷った時には、『神との対話』が大事」という教えが大きな基幹となっている。「50対50（フィフティ・フィフティ）」から、いかにして「51対49」へと傾き、どちらが取捨選択されるのか、「神のみぞ知る」とまでは言わないが……。

残念ながら、先例のように、「100対0」でどちらかに決めている教師も少なくない。それとも、そう見て取れるだけで、実際のところは、「2対0（51対49）」なのだろうか？

＊部活動検討委員会における〈ブラック化〉の圧力

「ブラック部活動」という概念が名古屋大学の内田良先生によって提唱された。

本校でもご多分に漏れず、学校の〈ブラック化〉は深刻な問題となっている。現実的に平日の放課後、教員の休憩時間から勤務時間外に部活動が行われているにもかかわらず、『教育課程』に全教員顧問制が明示され、やって当たり前を突きつけられている。

1年目の秋の部員集会において、副校長が部活動についての話をする機会があった。

日頃から「顧問の先生から指導をしてもらえない」という部員生徒からの不満の声や、そうした先生に対する横柄な態度などが問題として語られることがあった。そのため、部活動担当から「先生方は、休憩時間や勤務時間外に、言うなれば、ボランティアで部活動顧問をやっているのであり、しかも、指導のできない専門ではない部活動の顧問を善意で引き受けてくださっている先生もいて、そうした先生のお陰で、大好きな部活動ができているわけで、顧問をしてくださっているだけで感謝しなければならない」という主旨のことを話してほしいと打診していた。しかし、そうした話をすることはなく、直後に抗議すると、副校長に、「それはできない！」と拒否された。

仕方なく、私は、翌年度当初の部活動説明会の「部活動担当からの話」において、承諾を得ることなく、全校生徒に向けて前記のような主旨の話をした。

その後は、職員室での高評価を得たこともあって、管理職も私が部活動説明会で話をしたことについても、そして、その内容についても容認されたと考えていた。

本校は全校生徒350名ほどの中規模学校でありながら、運動部が14、文化部が5、特別支援学級クラブが1、の合計20の部活動が開設されている。

それに対して、特別支援学級の6名を含めて教員数は24名。1クラブ二人以上の顧問体制がとれず、複数の部活動を重複して受け持っている教員がおり、完全に飽和状態と言える。

前年度、育休明けの男性教員が、年度当初の顧問会で、「部活動顧問を引き受けない」と主張した。しかし、全教員顧問制を楯に、無理矢理、女子硬式テニス部顧問に名前を入れられた。結局のところ、毎日退勤時間には学校を出ており、そのしわ寄せが、男子硬式テニス部顧問にいってしまった。

そうした事態を受けてだろう、今年度当初、『部活動規約』における「顧問は顧問会で決定する。」を「顧問は顧問会を経て、校長が決定する。」と改訂すると、健全育成部部活動担当である私に、校長からの発案があった。「校長が決定する」とは、「職務命令を下す」ということだ、ということだったので強く反対したが、その後の健全育成部会では、主任から、改訂された『部活動規約』が提案された。

「部活動を勤務時間内に設定する努力なしに、顧問を職務命令するのはおかしい。名古屋大学の内田先生が、（そうした点について）発信している」と伝えると、「学者の言うことでしょ！　法令に従って！」と言い放ち、その場を一蹴して『部活動規約』の改悪が押し通された。

翌年度の生徒数減少と、それに伴う教員数の減少が見込まれ、それに対応するために「部活動検討委員会」が特別委員会として設置された。私も部活動担当として委員に選出され、今後の部活動についての在り方を検討する機会を得た。

ところが、委員会の責任者であるもう一人の部活担当であり、主幹の先生から出された翌年度以降の部活設定案は「全教員顧問制」を前提とし、その教員数を割り振った場合の部活動設置を適正としていた。そこで、「『全教員顧問制』を前提としている以上、適正とは言えない」と主張し、現部活動を厳選する必要があると提案した。

これに賛同を得た教務主任と厳選の議論が進められた。特にテニスは、硬式テニス部、軟式テニス部が開設されている上、どちらも男子部・女子部があり、4つのテニス部が設置されている。そこにメスを入れるべき、との議論が進んだ。

しかし、第三回の検討委員会の冒頭、それまで厳選の共通理解が図られていると思っていたところに、いきなり校長が強い口調で、「全ての運動部をそのまま残す」との意向を示し、それへの反対意見を強硬に退けた。無論、健全育成部主任も校長に同調し、4つのテニス部をそのまま残す方向で話が進められた。

そのあまりに強硬な姿勢に耐え兼ね、途中で席を立つと、とどまることを強く求められたが、睨みつけながら、「校長に一任します」とだけ言い残し、退室した。パワハラを受けたと感じられたからだ。

後日、職員会議での「部活動検討委員会」の提案は、やはり「全教員顧問制」を前提にしながら、4

つのテニス部をそのまま残すものだった。

「『全教員顧問制』を維持・継続するということですか?」の私の質問に、「そうだ」との校長の回答。続けての「3年後は?」の質問には、「わかりません」と答える。

部活動を廃部するためには、新年度の募集を停止し、現部員が卒業するまでは開設し、2年を掛けて廃部する必要がある、との共通認識は図られていた。3年後には余裕ある部活動運営ができるように、厳選を進めていたはずだったが、それについては全く共通認識がなされていなかった。年度末で定年退職する校長の、先を見通さない横暴に屈する形となってしまった。

同時期、体育主任連絡協議会において配布された、以下の資料を提示した。

『東京都教育委員会　運動部活動の在り方に関する方針（平成30年8月改定）』

「(2) 指導・運営に係る体制の構築」

「カ　区市町村教育委員会及び校長は、教師の運動部活動への関与について、『学校における働き方改革に関する緊急対策（平成29年12月26日文部科学大臣決定）』及び『学校における働き方改革に関する緊急対策の策定並びに学校における業務改善及び勤務時間管理に係る取組の徹底について（平成30年2月9日付け29文科初第1437号）』3を踏まえ、法令に則り、業務改善及び勤務時間管理等を行う。

3当該通知において、「部活動や放課後から夜間などにおける見回り等、『超勤4項目』以外の業務については、校長は、時間外勤務を命ずることはできないことを踏まえ、早朝や夜間等、通常の勤務時間以外の時間帯にこうした業務を命ずる場合、服務監督権者は、正規の勤務時間の割り振りを適正に行うなどの措置を講ずるよう徹底すること。」等について示されている。

これを突きつけられた後は、多少態度が和らぎ、校長、健全育成部主任ともに言うことが変わっていったのは確かだった。

年度末が押し迫った1月、次節の「いじめのもみ消しと、その軌道修正の試みへのパワハラ」とともに、「部活動検討委員会におけるパワハラ」を訴え、教育委員会立ち会いの下に、謝罪と改善を求めた。その席において、校長は、「部活動を精選するという考えには賛成」と発言した。私が、「全運動部を残すと言ったでしょ」と投げ掛けると、「そんなことは言ってない！」と虚偽の発言。「言いましたよね？」と部活動検討委員会に同席していた副校長に問うと、「記憶にありません」。無論、健全育成部主任も嘘だと分かっている。

どこかの政治屋（家）と同じようなやり口に閉口すると同時に、教育行政に携わる者としての資質の低さを痛感させられた。

さらには、『教育課程』に記載されていることを突きつけ、全教員顧問制を維持・継続していく意向が示された。
まさにブラック企業の経営者そのものと言わざるを得ない態度だった。

この会合を機に、職員室での校長、健全育成部主任らによるパワハラが、私が所属していた学年の学年主任も巻き込んで、激化していった。

そう言えば、健全育成部主任がよく口にしていたのが「主導権」という言葉。主導権を握るためには「いじめ」も「パワハラ」も「虚言」も、そして、それらの「もみ消し」も、何でも有りということか（体育科教員でもある健全育成部主任が、運動部活動中に倒れた部員を、「嘘だろ！」と言って放置し、熱中症で救急車を呼ぶ羽目になったことがあった。よくある体育会系的「主導権」は空恐ろしい）。

そんなことに屈するわけにはいかず、正式に校内の働き方改革推進委員会に、全教員顧問制の廃止・『教育課程』からの削除、および、改悪された『部活動規約』を元に戻し、「顧問会で決定」にすることを議論するよう、副校長、および、組合員でもある「働き方改革推進委員会」の取りまとめ役の先生に打診した。

しかし、委員会から出された『業務改善ＰＬＡＮ』には、議題にすら挙げられておらず、回答はおろか、何も明記されていなかった。部活動時間短縮の提案へとすり替えられており、しかも、その検討を含んだ、翌年度に向けた最後の部活動検討委員会が「『教育課程』届け出締め切り日」の翌日に設定された。

対話にならないことを思い知らされ、仕方なく、以下のような提案文を携えて、部活動検討委員会に出席した。

【「部活動検討委員会」への提案】

働き方改革推進委員会『業務改善ＰＬＡＮ』について

（1）「部活動下校時刻」

16時始まりは18時30分、15時始まりは17時30分下校
最終下校時刻を30分繰り上げ　集中してやることを促す　通年6時

⇩　今年度を踏襲する。

勤務時間外の部活動指導・管理を行っている顧問は、好きで、希望してやっているか、子どもたちのためにとボランティア精神でやっている、というのが基本。
そうであるなら、活動終了時間については、顧問の裁量で行われるべき。
体育館運動部は、前後半に区切って活動しているため、現活動時間の短縮は望まない。

（2）問題は、全教員顧問制を掲げ、顧問を職務命令しており、しかも、勤務時間外労働を強いられているという点。
好きで、希望してと、ボランティア精神でやっている教員だけで賄《まかな》えている現状にない。

⇓

①来年度当初、改悪された『部活動規約』を校長が決定から顧問会で決定に戻す。
②来年度も部活動検討委員会を発足し、部活動運営の実態、新入部員数などを検証して、部活動の厳選、削減を図る。
同時に、全教員顧問制の廃止について検討する。

※例えば、ある部が、週に2日、18時までの部活動を行っており、全く「勤務時間外の労働」をする意志を持っていないにもかかわらず、その部の顧問に職務命令で任命され、週2日、18時までの部活動を管理・指導することを強制、余儀なくされるのは、法令違反。

この提案文をもとにした議論を経た上で、翌年度への申し送りとして概ね受け入れられたという感触を得たが……。
最後に「※例えば」のところについて、校長に、「どうなのか?」と投げ掛けたところ「そうであれば、『法令違反』でしょ!」と、ドスの利いた声、睨みつけるような視線で回答を得た。

「今年、そういう先生がいたよね！」と厳しい口調と鋭い視線で返し、会を終えた。

実際に、「部活動顧問になりたくなかった。退勤時間には帰りたい。そういうことを言ってはいけないと思っていた」と、働き方改革の視点からも、さまざまに部活動について発信してきた私に、吐露された女性の先生がおられた。そうしたことを職員室で言ったがために、パワハラやいじめを受けたという事例をＳＮＳなどで見ていたため、あまり口外せずに慎重に進めていたのであるが。

まさに「ブラック部活動」そのものなのだ。

翌日、副校長に呼ばれ、「全教員顧問制」廃止についての働き方改革推進委員会の回答を校長からする、と帳尻合わせに来たが、「『教育課程』の提出締め切り後では意味がないでしょ！」と突き返した。翌年度の新校長との方が、建設的な話し合いができると考えてのことだった。

そして、「『法令違反』を認めた以上、そこは言及していくから」とだけ伝えて、その場を終えた。

＊第二ラウンドのゴングが鳴り響き――新校長との新たなバトル

新年度を迎え、市内の近隣の中学校とトレードされた形で新しい校長が赴任してきた。かつて、Ｔ中学校時代の市教育委員会指導課長をしていた面識のある校長で、バリバリの行政職というイメージを持ってのスタートとなった。

そのイメージ通り、建設的な話し合いという期待も虚しく、引き継ぎは前任校長の都合のいいことばかりが伝えられており、敵対するかのような空気さえ感じられた。

私は前年度に引き続き、部員たちのために卓球部の顧問は引き受けることにしていた。無論、職務命令されることには拒絶する立場をとってのことだ。

さらに、一昨年度顧問をしていたバドミントン部の第三顧問を引き受けることも申し出た。第一顧問が異動したため、かつてのように専門的指導を施すことを志願してのことだった。一昨年度には、基礎打ちに「プッシュ」を加えて基礎技能を高めたり、フォーメーションを身に付けるためのノックによりダブルスを強化するなどの貢献をし、市民大会などで好成績を残すようになっていた。そのために、小学校時代に実績を残した選手（兄は他中学校で関東大会に出場）が、学校選択で本校を希望してきている部員もいた。

新しい第一・第二顧問に相談したところ、卓球部の主顧問ゆえ、事務的な仕事や顧問会への出席は請け負えない旨を理解してくれていたようだったが、快く受け入れてくれた。

4月当初の顧問会。前任校長が調整した顧問表が提示された。その時点では、私は卓球部の顧問としてのみ記名されていた。

そこで、バドミントン部の第三顧問就任について申し出たところ、「そのことは取りあえず私が預かる」といった感じで会を終えようと校長が声をあげた。

「これで『顧問会を経た』ということでしょ！」と言い放った。「決定権は顧問会にはない。私校長にあるんだ！」というその態度には閉口してしまった。

怒りにも近い感情が沸き上がったが、その拙い空気を悟った教務主任から、他の案件とともに「再度『顧問会』を開く」という提案がなされ、全体に了承されたので、その場は納めた。

すぐに校長室を訪ね、昨年度までの部活動に関わる一連の流れを知ってもらおうと、ここに記した記録を提示した。一読することは約束したが、「顧問を職務命令することには問題がない」とする見解を強固に述べられた。（外部）指導員が導入されてきている旨もその理由として付け加えられた。限られた予算枠ではごく一部にしか配置できないのに。

結局、健全育成部の新部活動担当が調整に走り、直後の職員会議で私がバドミントン部の第三顧問に就任したことが告げられ、司会が、「校長先生、それでよろしいですね？」と尋ね、それに校長がうなずいて、この件は終えた。

「なぜ『顧問会』を開かないのか」など言いたいことは山ほどあったが、その場は黙っておいた。新部活動担当にしても、職員会議司会者にしても、どっぷりと官僚主義につかり、私の発信してきたことには、あまり理解を得られていなかったようだ。

それにしても、「駒扱い」されたという虚しい思いばかりが残った。

新型コロナウイルスのための臨時休業が開け、部活動が通常通りとまではいかないまでも、感染防止対策を図りつつ活動が再開された頃、文書として残しておくべく、『部活動顧問任命書』を作成し、提示した。その内容は、次の通りだった。

令和2年4月1日
○○市立○○中学校
教諭　小林宣洋　殿
○○市立○○中学校
校長　○○○○　○印

部活動顧問任命書

左記の申出（具申）を受理し、部活動顧問就任の職務命令を発する。

記

1　部活動　バドミントン部
2　具　申　平日の放課後、休憩時間、及び、勤務時間外に行われている部活動において、専門的技術指導を中心とするコーチングを行うため、第三顧問就任を志願します。
尚、勤務時間内外における事務的な業務、及び、顧問会等への出張は請け負わない所存です。
週休日祝日等の勤務については『教員特殊業務実績簿』にて報告します。

年度当初の第一・第二顧問とのやり取りや、顧問会における理不尽さを申し伝えたところ、任命書への署名捺印は承諾した。しかしながら、「この内容では公印は押せない。勤務時間外への職務命令は『服務事故』でできないから。私印であれば」と言い、私印を押した『部活動顧問任命書』を手渡された。(公印でなければ、裁判になったとしても負けないということか……。)受け取る際に、「この『任命書』をどこに出してもいいですね……。」と投げ掛けると、うなずきながら「いい」と応えた。

その内容が、まさに「服務事故」であることを認めながら、一歩も引かない。これぞ「ブラック化の極み」と言わざるを得ない。

以上のような回顧録を元に、私と管理職との対立点を、わかりやすくまとめたのが次ページの表1である。

2学期の始め、自己申告面談の折、部活動検討委員会を開いて運動部厳選の議論を進めるよう打診したが、校長の返答は、「減らす必要、無いでしょ!」。この二年間に少しずつ前進してきたことが、新校長により振り出しに戻されてしまった。

職員室では、健全育成部主任が、パワハラ学年主任との会話の中で言い放つ。「5時間授業にして、6時間目に部活動をすれば良いと思っている。」

文部科学省も、かつて「勤務時間内に部活動を設定するように」と言い続けていたのを方向転換した。

	私	管理職 （市教育委員会を含む）
全教員顧問制	廃　止	堅　持 『教育課程』に明記
顧問の決定／任命権	顧問会の承認	校長の職務命令
職務命令による服務事故	職務命令により任命される ⇓ 時間外勤務を強要される／余儀なくされる ⇓ **服務事故**	任命のみ職務命令 ⇓ 時間外勤務を職務命令しているわけではない ⇓ **服務事故ではない** ※現任校長 時間外勤務を明示した任命書に「公印は押せない」と私印を押した
運動部活動の精選	推　進 ⇓ 全教員顧問制廃止	※前任校長 パワハラにより推進を阻止 ⇓ 「言っていない」と虚言

※校長による「部活動のブラック化」の象徴

表１「部活動検討委員会」における管理職との対立点

勤務時間内に部活動を設定することが困難なことはもう十分に議論し尽くされたはずなのに、全く現実を直視できていないと言わざるを得ない。振り出しどころか、とんでもないところまで後退させられようとしている。戦いはまだまだ続く……。

✻ いじめ対策検討委員会の醜態――いじめもみ消しの抵抗勢力として

3年生女子二人からの通報が入った。下校途中の駐車場で、一人の1年生が2・3年生数名に囲まれ、「見世物にされる（保護者に「いじめではなく犯罪だ」とまで言わしめた重大事件だが、被害者の人権を守る上で詳細は控えたい）」という嫌がらせを受けていたという。

後に分かることだが、2年生二人が主犯格で、もう一人の2年生が加担者。3年生は、一人が興味本位で2年生に乗っかってしまった加担者。そして、もう一人の3年生は嫌々連れてこられたが、嫌がらせを止められなかった傍観者、という構図だった。

私に情報の入った翌朝、3学年生活指導担当として、3年生二人から事情を聴くことにした。傍観者の生徒は「本人が好きでやっているようだった」と言い、加担者の生徒は「（被害者が）乗り気で、その場の乗りを崩したくなかった」と言い、「いじめではない」と声を揃えた。ただし、加担者の生徒に「（見世物になっていたのは）1年生だぞ」と伝えると、その場で涙があふれ出た。そうした様子と、通報の内容を鑑み、また、現場の異様な光景を思い浮かべると、「いじめではない」を鵜呑みにはできないと思われた。

その日の放課後、第1回「いじめ対策検討委員会」が開かれた。私はいじめに違いないという姿勢で臨み、情報集約に向かった。ところが、被害者である1年生と加害者である2年生から聴取したとされる健全育成部主任から提出された記録には、（「〇月〇日〇〇が起こった」のような）事実が羅列されているだけで、後は、双方の食い違っている点が挙げられているだけだった。

少し遅れて入って来た被害者の学級担任は、「うちの（クラスの）〇〇が、本当に申しわけないです！」と、被害者の担任とは思えない振る舞いで、おかしな空気を醸し出した。確かに、日頃から手の掛かる生徒ではあったが。

健全育成部主任と1学年の生活指導担当は、3年生二人にばかり焦点を当て私に詰め寄ってくるように感じられる場面さえあった。2年生の問題から目を逸らそうとしているかのようだった。

そうしたよく分からない空気が充満していく中、2年生の主犯格二人の学級担任、および、学年主任は「悪いのはうちの二人」としっかりとした見立てをして話された。（こちらも、小学生の頃から問題行動が目につく二人だったことが影響しているような、つまりラベリングされているようにも感じられはしたが）一応、いじめである、という認識のもと、再度、いじめではないと主張した3年生二人に、学級担任も同席の上、聞き取りをすることとなった。

第1回いじめ対策検討委員会の直後、被害者本人の訴えが記録になかったことについて、1学年の生活指導担当に聴くと、学年主任と学級担任の聞き取りでは次のように主訴を述べていた。

「（2年生主犯格の一人）S男がからんできたあたりから、怖くなった」

「その場を早くやり過ごしたかったので、（見世物を）自分からした」

これらの言葉が記録から削除され、情報としての発信も全くなかったことに疑念を抱き、健全育成部主任に問いただすと、

「本当かどうかわからない」

「それは心情だから、事実だけを……」

と信じられない言葉が返ってきた。そこで、その問題点を指摘して、強い口調で詰め寄ると、

「（検討委員会で、）なんで『本人はなんて言っているか？』と聞かなかったのか⁉」

と逆ギレされた。責任転嫁以外の何ものでもないことを、平気でぶちまける姿勢には辟易とした。

いじめのもみ消しと解釈できる事態のため、第1回検討委員会を欠席した校長・副校長に報告し、改善を図ろうとした。

いじめ対策検討委員会に管理職が二人とも不在だったことの問題を指摘し、健全育成部主任とのやり取りについて報告した。ことに被害者の主訴が記録から削除されていることの重大性について、強調して伝えた。

かつて十数年前、「（余計な情報は除いて、）客観的事実だけを記録するように」という教育委員会の研修を受け、違和感を覚えていたが、現在も維持・継続されてきていることの問題の指摘も加えて行った。

しかし、その場の管理職の受けとめ方に確かな手応えは感じられなかった。

その翌朝、3年生を一人ずつ呼び出し、聞き取りを行った。

傍観者の一人は、頑なに嫌々連れて行かれたことを主張する。それでも、異様な事態であり、後輩である2年生を止めるべきだったことは受けとめられた。

加担者の一人は、連れて行かれた傍観者の後ろからついて行き、積極的に見に行ったわけではないことを主張するものの、その場がいじめであり、加担してしまったことを認識できたようで、被害者への謝罪をすることになったが、2年生主犯格への聞き取りや対応の方針が示されるのを待つこととした。

そして、第2回のいじめ対策検討委員会が開かれた。冒頭から校長が強い口調で、「『(被害者の主訴の)記録からの削除』は除外して、事実確認を進めるように!」と言い放ち、私の意見、見解には全く耳を貸さない姿勢を強固にした。

「2年生を怖いと言っているが、3年生に対してはどうだったのか?」という話の流れになり、「(被害者)本人に聴くべき」との私の主張に、「その必要はない!」と校長。結局のところ、健全育成部主任の言う「心情は除いて、事実だけの確認」を貫き通す姿勢だった。

現場の動きの2年生と3年生の言っていることが違っている点を事実確認することだけに終始する、という態度を崩さなかった。

この日、1学年の生活指導担当が、被害者から別件の問題について聞き取りを行った際に、この駐車場でのいじめ現場の詳細が語られ、私にいち早く知らせてくれた。

この時まで、そこまで突っ込んだ聞き取りが行われていなかったことの問題が浮き彫りにされると同時に、被害者の人権問題が明確に見えてきた。

そうしたところへ、被害者の保護者からクレームが入った。先にも記した「『いじめ』ではなく『犯罪だ！』」に始まり、「第三者委員会に訴える」とまで言わしめる強い訴えだった。

それを受けて、第3回のいじめ対策検討委員会が招集された。

保護者の訴えへの対応、対策が話し合われ、「いかに激情した保護者を鎮静化するか」ということにのみ全神経が向けられているかのようだった。いじめの「問題の所在」の解明からは明らかに逸れてしまっていると感じられた。

その後、第4回いじめ対策検討委員会が開かれるも、やはり2、3年生の言っている現場の動きの食い違っている点の事実確認を働き掛けるのみ。

そして、その後1カ月もの間、いじめ対策検討委員会が全く招集されなくなってしまった。すなわち、私の執拗な追及から逃れるために、いじめ対策検討が、密室化、不透明化されてしまったのだ。

そんな中、3年生加担者の本人への謝罪の会が、学級担任と1学年生活指導担当の立ち会いのもとに開かれた。加担者の3年生は、謝罪の冒頭から号泣し、言葉が出ない。

やっと絞り出した「本当にひどいことをしてしまって、ごめんなさい」の言葉からは、深い反省と謝罪の気持ちがあふれ出ていた。

いかにその現場が異様な光景であり、被害者がどれほどの恥辱を受け、苦痛を感じていたかを想像するにあまりある3年生の様子だった。

被害者はその謝罪を受け入れ、その後は3年生としてサポートしていくという姿勢に、安堵の表情を浮かべていた。これを機に、部活動中などに私に駆け寄り、「こんにちは」と笑顔であいさつしてくれるようにもなった。

いじめ対策検討委員会が招集されなくなって1カ月ほど経った後の健全育成部会で経過報告を求めた。しかし、主任に断固としてこれを拒否され、その場で言い争いになってしまった。

その情報が入った管理職（校長・副校長）に呼び出され、経過報告がないことへの疑念を述べると、「2年生主犯格二人の保護者同席の『謝罪の会』は終えており、経過観察に入った」とのことだった。ただし、校長からは、「（被害者の）保護者が、納得したかはわからないが……」と付け加えられた。

そして、経過報告の必要性については受諾してくれた。

経過報告のための第5回いじめ対策検討委員会が、昼休みという短時間に招集された。そこにも話を長引かせないという、すなわち、私に追及の時間を与えないという意図が強く感じられ、不信に思われた。『最終報告書』が配布されるが、目を通している時間もない。冒頭部分の「経緯」には、主犯格の一人との関わりだけが記載されており、主訴にあった「怖くなった」もう一人の主犯格S男の名前はない。無論、主訴は削除されたままだった。

腑に落ちない点だらけだったが、昼休みで時間がなかったため、S男の人権感覚の希薄さを指摘するだけにとどまった。継続指導の必要性については共通理解を得られた。

2日後の職員会議での最終報告では、健全育成部主任から「被害者が事実と異なることを言った」という一つの事例だけが述べられた。そして、経過観察に入ったという報告とともに、「(被害者が)心療内科を受診することになっている」と発信された。

校長からは、保護者が、「1学年生活指導担当から幾度にも渡って報告を受けた」ことなど4つのことについて感謝の言葉を述べた、という報告が付け加えられ、校長室での「納得したかはわからないが……」とのギャップに違和感を覚えざるを得なかった。

さらに、副校長からは、「(発達障害がある)このような子どもは、『いじめ』の対象になりやすいので、注意を払うように」というような言葉が発せられた。

3人の周到に立てられた作戦に、身の毛がよだつような感覚さえ覚えた。

1週間後、被害者生徒が同学年二人から受けているという、別件のいじめの通報が近隣住民から入った。学年内で聞き取りが進む中、教育相談部会の記録に次のような記載があった。

「学年の感触　話の一貫性なし。『いじめ』と言えば問題解決すると思っているふしあり。本人は『いじめられた』とのこと」

私は、すぐに学年主任に声を掛け、人権上の大変な問題があると伝えた。その発信には理解が得られ、その後、いじめとしての対応がなされたが、先の「学年の感触」には、「見世物事件」における対応の拙さ、間違いが影響していると強く感じられた。

そこで、直後の生活部会（各学年の生活指導担当と校長で構成）で、第2のいじめに関する報告が1学年の生活指導担当からなされた際、「見世物事件」における主訴が削除されたことについて、再度言及した。

すると、「（2年生主犯格の一人）S男がからんできたあたりから、怖くなった」について、校長が微笑を浮かべながら次のように言った。

「そんなこと言ったの？　いつ？」

1学年の生活指導担当が、「最初の学年主任と学級担任による聞き取りの際に」と説明した。

さらに、その主訴が記録から削除されている問題を報告したが、全く取り合わず、「『（被害者の主訴の）記録からの削除』は除外して、事実確認を進めるように！」

と、第2回いじめ対策検討委員会において言ったことについて言及すると、

「それ、蒸し返すの⁉　『経過観察』じゃダメなの⁉」

と、とんでもないことを言い出す始末。おどけているかのようでもあった。

すると、そうした追及の流れを止めるべく、健全育成部主任が次のように言い放った。

「時間の無駄！　先生たちの時間を奪ってる！　この話は、今後一切なし！」

まさに「臭いものには蓋をする」という言動そのものだった。

この生活部会における、いじめのもみ消しを見過ごさず、追及しようとする私への圧力というパワハラの訴えとして、市教育委員会指導課長宛てに電話を入れた。

ところが、窓口である指導課教職員係は、電話での聞き取りの後、「今月は議会などで指導課長は忙しく、時間がとれない」と言い放ち、門前払いを食らった。「いじめのもみ消し」を報告したにも関わらず、なんたることか。

呆気にとられたが、この「もみ消し」に教育委員会も絡んでいるのではないか、という疑念、不信感が沸々と湧き上がってきた。


翌月、電話での訴えから一カ月以上が経って、教育委員会での面談の席が用意された。

その冒頭、私が待機している会議室に入ってくるなり、指導課長から、「いじめではないだろぉ」という雰囲気を醸し出し、信じられない言葉が発せられた。

「『いじめ』だか、どうだか⁉　保護者への対応など、指示は出したが……」

案の定、教育委員会も絡んでの「いじめのもみ消し」が私の中で間違いないものと確信した瞬間だった。

	私	管理職 （健全育成部主任を含む）
被害者からの聞き取り	主訴として「いじめ」の基底に置く	「本当かどうかわからない」
記録の取り方・残し方	発せられた言葉を記録し、そのまま残す	事実を記録し、 客観的事実のみを残す
いじめ検討委員会の進め方	被害者・加害者・通報者の言動を解釈し、筋立てを図る。 ことに、被害者の苦痛に寄り添う	心情を除いて、事実確認のみを行う
いじめの認定	被害者生徒の訴えにより「いじめ」を認定	客観的事実により 「いじめ」を認定
保護者の訴え	「重大事態」であることを保護者と共通認識 ⇓ 第三者委員会の設置以前に、「重大事態」として対処するべき	「重大事態」ではない 被害者生徒が事実と異なることを言う ⇓ 発達障害、精神疾患等による心療内科受診が妥当

表２「いじめ検討委員会」における管理職との対立点

「『見世物事件』は『いじめ』ではない。被害者は事実と違ったことを言う。だから主訴で言ったことも『本当かどうか！』。それは、小学校時代から特別支援の対象でもあった被害者の発達障害、精神疾患が要因であると考えられる。それ故、『心療内科を受診することこそが必要であり、第三者委員会に訴えるような案件ではない』。そう言って、保護者を言いくるめた。」

「裁判で負けさえしなければ」という教育委員会の基本的な指向性は連綿と受け継がれており、「いじめのもみ消し」さえも平気でさせてしまう。「『重大事態』として第三者委員会に訴えられさえしなければ」という文脈のもと、いじめという現実をも歪曲してしまう。

その後も追及の手を緩めず、市教育委員会により、調査が入れられることになったが、新年度を迎えても調査結果の報告は下りてきていない。

──〔白い巨塔〕はどこまでの広がり、根深さを持っているのだろうか。

以上のような回顧録を元に、私と健全育成部主任を含む管理職との対立点を、わかりやすくまとめたのが前ページの表2である。

＊『教育職員　評価結果に係る苦情相談制度』を活用するが……

前述した部活動検討委員会といじめ対策検討委員会におけるパワハラや「いじめのもみ消し」という問題に立ち向かう中、新型コロナウイルス対策のために学校が臨時休業となってしまった。私自身も専門家への相談を考えていたが、動きが取りづらくなってしまった。それにより、この書を執筆するエネルギーと時間を与えられたというのも確かなところではあるのだが。

そうしたこともあり、新年度当初、『教育職員　評価結果に係る苦情相談制度』により、苦情の申出を行うことにした。『苦情申出書』には、「部活動検討委員会における〔ブラック化〕の圧力」と「いじめ対策検討委員会の醜態」の文章を記録として添付した。

Bと評価されていた「学校運営」の項目、その前年度の『自己申告書』の「目標」には次のように記述していた。

「『一人一人が尊重されるS（学校名）』であるために、生徒の問題行動、あるいは、職員室における『問題の所在』の解明を図り、学校に在所する『問題』の改善を推進することにより、円滑な学校運営に貢献できるようにする。」

また、「目標達成のための具体的な手立て」には、以下の二点を掲げていた。

「臨床教育学の専門性を生かし、年間を通して記録を取り、その省察（リフレクション）を通して、生徒や保護者、学校や教員、さらには地域に在処する『問題』の解明を図る。」

「管理職による『パワハラ』を撲滅し、また、発言力のある親分的教員による『いじめ』を職員室から一掃する。」

こうした自己申告があるにもかかわらず、それらの点における業績評価が全くなされていなかった（業績評価開示に伴う面接で全く触れられなかった）。もし、正当に評価されたのであれば、Aであろう。そして、添付提出した記録がでっち上げであれば、Dであろう、というのを苦情申出理由とした。

それを受けて、前任校長への聞き取りとともに、記録におけるキーパーソンとなる複数の教員にも聞き取りが行われた。

その結果、前任校長の「虚言」を始めとする明らかな問題が浮上し、苦情相談員による指導が入れられることとなった。

そもそも、前任校長に業績評価をする資格すらなく、業績評価制度そのものが問題であることも指摘し、今後も教育行政改革を推進していく旨も伝えた。

残念ながら、「『でっち上げ』ではなさそうだ」という感触は得たものの、最も大きな問題として、この『教育職員　評価結果に係る苦情相談制度』内における調査の限界に突き当たり、いじめのもみ消しに関する全容解明には至っていない。

本書『教育現場の光と闇　～学校も所詮〔白い巨塔〕～』が刊行される頃までには全容が解明され、子どもの人権が守られる状況へと、大きく一歩を踏み出せていることを切に祈るばかりである。

ホッと一息　節分に想う

節分というのは、元々季節の移り変わる時、すなわち立春・立夏・立秋・立冬の前日のことをいったようです。特に、立春の前日だけが節分と呼ばれるようになったのは、やはり、豆まきが庶民にも浸透し、一大イベントのようになったからなのだろうと思います。

この日の夕暮れ、柊《ひいらぎ》の枝に鰯の頭を刺したものを戸口に立て、鬼打豆と称して炒った大豆をまく習慣が、そもそも本式のようではあります。

ところで、鬼というと、桃太郎が鬼ヶ島に退治しに行ったり、あるいは、「泣いた赤鬼」のようなほのぼのとした童話にも登場します。悪役であるはずの鬼にもこころがあるという物語は、まさに、鬼の目にも涙という、無慈悲な人にも、時には慈悲の心が生ずるということを、わかりやすく伝えてくれているように感じられます。

「鬼が住むか、蛇《じゃ》が住むか」は、人の心の底にどんな考えがあるか、はかりかねることを言いますが、きっと誰の心の奥底にも鬼は住んでいて、外から入ってくる鬼を追い払うだけでなく、自分の心の中の鬼を追い出すためにも豆はまかれるのではないかと思われてきました。――「鬼は外！　福は内！」

おわりに

――「教育」の効果はいつ、どこで、どんな風に？

✻退勤途中の路上で、「先生！　俺！　E！」

荒れたT中学校もだいぶ落ち着いてきた5年目、3年生を卒業させて異動することとなった。

学校を離れる数週間前の夕方、退勤し、駅に向かって歩いていると、横に並ぶように一台の車が止まった。ふと見ると、運転席から顔を覗かせ、「先生！　俺！　E！」と、自分を指さしながら声を掛けてきてくれた。「Eかぁー！　どうした、仕事？」と応じると、「そう、終わって今帰るとこ」と明るく返ってくる。「そっか、頑張ってな！　またな！」と言うと、「はい、また！」と車を走らせた。

「そういえば、私のことを『先生』と呼んでくれたのは、これが初めてだなぁ」などと思いつつ、温かい気持ちで家路についた。

正直なところ、T中学校の卒業生らと会うのは、あまり嬉しくない。それは、あの頃の自分の不甲斐ない、指導力不足を思い起こさずにいられないからかもしれない。

それでも、E男や番長M男との特別な出会いは、一生の宝物になるのは間違いない。

＊出張途中のバス停で、「先生、久しぶりです！」

番長M男とは、異動して2年目、出張途中の三鷹駅で、バスを待っている時にばったりと出くわした。「先生、久しぶりです」と声を掛けられ、「M、久しぶりやなぁ、元気？」と応じると、「はい！」と返ってくる。スッと手が出て、自然と握手を交わす。

「どうしてんの？」と問うと、「仕事、すぐそこの現場で」と言う。「何の？」に、「建設業」とのこと。バスを待つ少しの間、前同僚から耳に入っていた成人式の日の話などもする。名前入りののぼりを立てるのが、今どきの流儀だという。

「それじゃ、元気で、またな！」、「はい、また！」、と別れ際にもがっちりと握手を交わした。やっぱり私の中では、番長M男の「先生、頑張って！」は掛け替えのないエールとして、生涯に亘って響き続けていくのだろう。

＊「小林君、もう威張ってない？」

私が小学校6年生の卒業間近のこと、3・4年生の時の学級担任から、いきなり声を掛けられた。

「小林君、もう威張ってない?」

そういえば、4年生の時、クラスの全員から村八分にされたことがあった。その時は、一人の男子とケンカをして、1対1だったはずが1対3になり、それが1対5、1対10となり、最後には1対クラス全員になっていた。今で言ういじめだろうが、そうは思っていなかった。それでもやはり数カ月に渡って、クラスの誰ともまともに話ができなかったのは、なかなか辛かったのを覚えている。

自分で言うのも何だが、勉強がそこそこでき、体育は万能、音楽も幼少の頃から習っていたピアノのためにかなり秀でていた。そんな私が天狗になり、威張っていたのは間違いなさそうではある。

それでも、「もう威張ってない?」の言葉にはかなりショックを受け、あの辛かった状況も分かっていたんだろうと、何もしてくれなかった当時の学級担任に対する憎悪にも似た感情をしばらく、否、何年・何十年も心の奥底に抱きつづけていた。

50歳を過ぎた頃からだと思うが、この「小林君、もう威張ってない?」という言葉が職場での私の頭の中で鳴り響くようになった。京都大学大学院を修了し、偉そうに思われることも多々あったような気がしている。そんな私への戒めとしては、十分と言えるのかもしれない。

それにしても、教育の効果や影響が、いつ、どんな形で現れるのか、到底分かるものではないのだろう。「もう威張ってない?」と自問自答した上で、本書『教育現場の光と闇　～学校も所詮〔白い巨塔〕～』を威張って書いたわけではないと、胸を張りたい。

ホッと一息　青虫からさなぎへ

学級保護者会でお話したことがありましたが、いよいよみんなが、青虫からさなぎへと成長してきていると感じられるようになりました。

「思春期はさなぎの時代である。さなぎは固い殻に守られた中で、すごい大変換を体験している。その中で毛虫は解体され、蝶へと再変させられる。人間の心のなかでも、言語を絶する解体が行われている。」（河合隼雄著『臨床教育学入門』岩波書店より）

劇的な変化のさなか、しかし、自分では何が起こっているのか、どうしてこんな衝動に駆られるのか、認識できないでいることがほとんどです。その時に、どんな「守り」が必要なのか、よくよく考えていかなければなりません。

成長したとは言っても、羽化して蝶になるのは、まだまだ先のことです。美しく立派に大空へと羽ばたいていけるように、充実した中学校生活を送っていってほしいと願っています。

あとがき

何年か前から「学校も所詮〈白い巨塔〉」という言葉が頭の中を占めるようになった。いつかその題で本を書き上げてやるんだ、という思いを抱くようにもなっていた。

そうした折、現任校での部活動検討委員会におけるブラック企業の経営者的なパワハラやいじめ対策検討委員会におけるいじめのもみ消しなどという問題と向き合うことになった。まさに〈白い巨塔〉の本丸であり、教育現場の闇そのものと言える。

それをどのように発信したらいいのか、単なる暴露本ではなく、後々まで語り継がれるような教育の書として残すには、どのように執筆したらいいのか、試行錯誤した、と言いたいところだが、草稿は、私の身体の内の方から湧き上がってくるものを、ただ素直に綴っただけだった。それも短期間に、一気に書き上げた。

その草稿に、この上ない評価をいただき、本書の刊行へと導いてくださった幻冬舎ルネッサンス新社プロデュース部の田中大晶さん、さらに、推敲にお力を貸していただき、世に出せるものへとブラッシュアップしてくださった編集部の方々には心から感謝の意を表したい。

本書を読まれた方ならお分かりの通り、私は学校教育界の異端者だ。そんな私の本書を、幻冬舎ルネッサンス新社から刊行できることの意味は大きい。果たして、「異端の中にこそ創造的な意味での正統があり」得るのだろうか。（見城徹著『異端者の快楽』幻冬舎文庫　２０１９年より）

危ない橋を渡っている感覚を持ちながらも、渡り切った先に広がる「まっとうな世界」に想いを馳せ、突き進んでいくだけである。

何が伝えられるのか、伝わるのか、分からないが、この『教育現場の光と闇　～学校も所詮〔白い巨塔〕～』は、一人の教師、一人の人間として、さまざまな学校で生きてきた経験を綴った事例集であり、そこには多義的な解釈の入る余地が多分に残されている。

読者の方々のさまざまなご意見を返信していただけると有り難いと思うのと同時に、真の「教育」が語り出されるきっかけになることを願ってやまない。

〈著者紹介〉

小林宣洋（こばやし　のぶひろ）

1964年東京都品川区のキリスト教会（プロテスタント）に生まれる。父は牧師、母は幼稚園教諭。1988年東京学芸大学教育学部保健体育科卒業。2校の非常勤講師を経て、1989年東京都公立学校に新規採用される。14年間の教員生活の後、2年間休職して、京都で研究・修養に勤しむ。2005年京都大学大学院教育学研究科臨床教育学専攻修士を修了し、公立中学校教員に復帰。2010年『学校現場の《日常》における事例の見立てと語り直し—「生きられた教育言説世界」のゆらぎの中で—』、2016年『臨床教育学的省察への臨床教育学的省察—ある一つの事例をめぐる10年にわたるリライトの試み—』を教育哲学会で発表し、好評を博す。

教育現場《きょういくげんば》の光《ひかり》と闇《やみ》

～学校《がっこう》も所詮《しょせん》〔白《しろ》い巨塔《きょとう》〕～

2021年1月13日　第1刷発行

著　者　小林宣洋

発行人　久保田貴幸

発行元　株式会社 幻冬舎メディアコンサルティング
〒151-0051　東京都渋谷区千駄ヶ谷4-9-7
電話　03-5411-6440（編集）

発売元　株式会社 幻冬舎
〒151-0051　東京都渋谷区千駄ヶ谷4-9-7
電話　03-5411-6222（営業）

印刷・製本　中央精版印刷株式会社

装　丁　橋本充智

検印廃止

ISBN 978-4-344-93191-6 C0037
幻冬舎メディアコンサルティングHP
http://www.gentosha-mc.com/